道参天地

任法融 书

辛卯孟春书

任法融释义经典

任法融 著

黄帝阴符经·黄石公素书释义

（修订版）

人民东方出版传媒
People's Oriental Publishing & Media
东方出版社
The Oriental Press

目录

推荐序

终南山自古为尘世仙源，汉魏以降，高人逸士多出其间。游其地者，喜其泉石之美，乐其林壑之幽。昔年访楼观台，缘识任法融道长，接谈之余，见其气歛神凝，抱朴涵冲，积学深厚，世人罕能测其量。近得其手著《黄帝阴符经黄石公素书释义》，行将付梓，远道邀为之序。此书以道教内丹之学，阐阴符之旨，备一家之言。

尝谓《道藏》典籍，文约义丰。《道德经》五千言，或以用兵，或以治国，或以养生，或以炼神，或以体天道，参造化。见仁见智，各有攸宜。所见不同，所取各异。《黄帝阴符经》、《黄石公素书》亦颇类此，善学者端在所取而已。

古语云："道不同，不相为谋。"余与佛道诸教本不同道，然深维小德川流，大德敦化，道并行而不悖。题此短序，以待来哲。

任继愈

一九九一年十一月于北京

自序

太上混元，无极大道，万类资始。鸿蒙依次始判，阴阳因之肇分。天宝之以致清，地秘之以致宁，三光承之以高明，五岳从之以得镇，天子得之以致治，国祚赖之以致平。

至真妙道，极而至极，高而无上。天地玄宗，万气本根，包罗宇宙，化育群生。虚无自然，自古及今，其名不去。大寰宇内，遍处皆存，无时不在。无为无形，有情有信。其上不曒，其下不昧。迎不见其首，随不得其后。宇宙根源，运动法则。冥冥造化，天地运度。万物纲纪，造化枢机。生杀本始，神明之府。冥冥无闻，妙用难窥。灵机罔测，神通莫拟。

应之于人，是为理性，纯粹刚正，无坚不摧，入水不溺，入火不焚。圆明寂照，万劫不磨，永无生灭，真空妙觉。日用万事，皆具其理，百般情感，咸仗其性。道物关系，似同水波，水波一体，道物不二。森罗万象，芸芸众生，须臾不离。

帝王将相，得道多助。仕官黎庶，失道寡助。山川动植，有道则生。胎卵湿化，离道即亡。遐迩高卑，贤愚贵贱，长短曲直，美丑清浊，色声香味，包容无疑。

玄之又玄，众妙之门，取之不尽，用之不竭。冥冥造化，玄功无穷。天子皇权，俯首称臣。英雄豪杰，不能抗拒。智谋高士，无计可施。满堂金玉，莫之买卖。

黄老立论，义冠群经，理蔽诸家。自然灾祥，人世臧否，动物寿夭，植物荣枯，兵家胜负，因政治乱，事业成败，人类吉凶，无不备至。

周文孔丘，继道之标，倡明明德，亲民至善，自古及今，被世尊崇。仁义礼智，修齐治平，规范人类。

释宗其妙，禅其空相，不生不灭，不垢不净，不增不减，究竟涅槃，了悟圆觉。道体其本，致虚守静，返情归性，内修达圣，外用为王，与道合真。

释法融

《黄帝阴符经》概论

一、道家始祖——黄帝

黄帝，相传为华夏民族的祖先和道家的鼻祖，中华民族的开创者和中国古代文化的奠基者。原始初民，因无文字记载，直至如今，对有关黄帝的史实只有极少的原始资料可供查考。这些极少的史籍给我们留下的材料中，虽只一鳞半爪地记载了先民们的生活方式及其历史，但对了解他们的活动情况却提供了线索。现将黄帝的生年及活动情况，根据有关史料分述如下，这对考证中国古老文化中黄老思想的形成和道家文化的渊源，将有参考价值。

二、黄帝史略

《史记·五帝本纪》载："黄帝者，少典之子，姓公孙，名曰轩辕。生而神灵，弱而能言，幼而徇齐，长而敦敏，成而聪明。"

"轩辕之时，神农氏世衰，诸侯相侵伐，暴虐百姓，而神农氏弗能征。于是轩辕乃习用干戈，以征不享，诸侯咸来宾从。而蚩尤最为暴，莫能伐。炎帝欲侵凌诸侯，诸侯咸归轩辕。轩辕乃修德振兵，治五气，艺（种植之意）五种，抚万民，度四方，教熊罴貔貅䝙虎，以与炎帝战于阪泉之野。三战，然后得其志。蚩尤作乱，不用帝命。于是黄帝乃征师诸侯，与蚩尤战于涿鹿之野，擒杀蚩尤。而诸侯咸尊轩辕为天子，代神农氏，是为黄帝。天下有不顺者，黄帝从而征之，平者去之，披山通道，未尝宁居。"

"东至于海，登丸山及岱宗。西至于崆峒，登鸡头。南至于江，登熊、湘。北逐荤粥，合符釜山，而邑于涿鹿之阿。迁徙往来无常处，以师兵为营卫。官名皆以云命，为云师。置左右大监，监于万国。万国和，而鬼神山川封禅与为多焉。获宝鼎，迎日推策。举风后、力牧、常先、大鸿以治民。顺天地之纪，幽明之故，死生之说，存亡之难。时播百谷草木，淳化鸟兽虫蛾，旁罗日月星辰水波土石金玉，劳勤心力耳目，节用水火材物，有土德之瑞，故号黄帝。"

"黄帝有二十五子，其得姓者十四人。"

"黄帝居轩辕之丘，而娶于西陵之女，是为嫘祖。嫘祖为黄帝正妃，生二子，其后皆有天下：其一曰玄嚣，是为青阳，青阳降居江水；其二曰昌意，昌意降居若水。昌意娶蜀山氏女，曰昌仆，生高阳，高阳有圣德焉。黄帝崩，葬桥山，其孙昌意之子高阳立，是为帝颛顼也。"

《三才图会》云："黄帝至明洪武元年约四千零六十余年。"明洪武元年为公元一千三百六十八年，即黄帝至今（二〇一一年）约四千七百年。

三、黄帝之发明创造

甲、衣食住行类

《神仙列传》载："时有臣曹胡造衣，臣伯余造裳，臣于则造履。帝因之作冠冕，始代毛革之弊。"

"考其功德，而务其法，教时元妃西陵氏姑养蚕为丝。"

"帝见浮叶方为舟。即有共鼓化狄三臣，助作舟楫，所谓刳木为舟，剡木为楫。"

"帝又观转蓬之象以作车。"

"帝始教人乘马，有臣胲作服牛以用之世，本云所谓服牛乘马、引重致远。"

"有臣黄雍父始作舂，所谓断木为杵，掘地为臼，以济万人。"

"帝作竈以着经始，今铸斧造甑乃蒸饭而烹粥，以易茹毛饮血之弊。"

"帝始作屋筑宫室以避寒暑燥湿。帝令筑城邑以居之，始改巢穴居住之弊。"

"帝以观天文，察地理，筑宫室，制衣服，候气律，造百工之艺。"

《道藏》收录《黄帝宅经》上下两卷，主要是论选择住宅：

《路考·疏仡记·黄帝》载："乃广宫室，壮宫庑，高栋深宅，以避风雨。作合宫，建銮殿，以祀上帝，接万灵。"

"即库台，设移旅，楹复格，内阶幽陛，提唐山墙、榆于惟工，锉其材而砻之。"

《通鉴外记》："蚩尤为大雾，军士昏迷，轩辕作指南车以示八方。"

乙、工农商类

《史记·黄帝本纪》："艺五种"，"时播百谷草木"。《神仙列传》："耕者不侵畔。种渔者不争岸。种抵市不预，种价市不鄙，商于之人，相让以财，外合不闭。"

"以嘉禾为粮，谓之大禾也。其穗异常，以醴为浆，谓之泉水，美味如酒，可以养老也。"

丙、文字、历数、阴阳五行类

《史记·黄帝本纪》："治五气。""获宝鼎，迎日推策。"

"顺天时之纪，幽明之占，死生之说，存亡之理。"

"旁罗日月星辰，水波土石金玉。"

《神仙列传》："乃有天老王圣，以佐理化。帝取伏羲氏之卦象，法而用之。据神农所重六十四卦之义，帝乃作八卦之说，谓之八索，求其重卦之义也。"

"即制文字以代结绳之政，以作书契。"

"黄帝定八物之名，作八卦之说，谓之八索。"

"时有女娲之后容成氏善知音律，始造音律，元起丁亥。"

"黄帝得蚩尤，始明乎天文，帝又获宝鼎，乃迎日推策，于是顺天地之纪，旁罗日月星辰，作天仪。"

"观鸟迹以作文字，此文字之始也。"

丁、兵器、音乐类

《神仙列传》："有臣挥始作弧，弓夷牟作矢。所谓弦木为弧，剡木为矢也。弧矢之利，以威天下。"

"令来首山之金始铸刀造弩。"

"其音于雷，名曰夔牛，帝令杀之。以其皮冒之而为鼓，鼓击之声，闻五百里。帝又令军人吹号角为龙鸣，此鼓角之始也。"

"黄帝理日月之行，调阴阳之气，为十二律。"

"令岐伯作军乐。"

"帝制礼，作乐之始也。"

"帝以号神之琴奏清角之音。"

戊、丧葬、婚姻、礼仪类

《神仙列传》："帝因以别尊卑，令男女异处而居，取法乾坤，天尊地卑之义。"

"又易古之衣薪、葬以棺。"

己、著作类

《神仙列传》："帝乃修神农所尝百草性味，以理疾者，作《内外经》。又有雷公述炮灸，方定药性之善恶。扁鹊俞附二臣定脉经，疗百姓所疾。帝与扁鹊论脉经撰《素书上下经》。帝问岐伯脉法又著《素问》等书及《内经》。帝问少俞针法，乃制《针经》、《明堂图灸》之法，此针药之始也。"

"帝作《释梦之书》。"

"于推步之术著《兵法十三卷》。"

"令风后演《河图》而为式用之，创百八局，名曰《遁甲》。黄帝又著《十六神历》、《推太乙六壬》等法，又述六甲阴阳之道，作《负胜握机之图》及《兵法要诀》、《黄帝兵法三卷》。"

《黄帝阴符经》考

《道藏》收录《黄帝阴符经》共二十二种，其中九种注释序中陈述是轩辕黄帝得《阴符经》，辨天人合变之机，演阴阳动静之妙，遵《阴符经》之义修身、理国、扫除妖孽、安抚黎民。黄帝为了弘扬道义，务于救人，唯恐后世昧此道，违此理，误入歧径，故简集其要，传于世。但后来，还有不少学者，议其非者。为了进行研究和探讨该经来历，现将各家的考据列述于后，以供读者参考：

　　《阴符经注疏》序："唐李荃好神仙之道，常历名山，博采方术。至嵩山口岩石壁中得《阴符》，竟不能晓其义理。入秦在骊山下，逢一老母，自语曰：'火生于木，祸发必克。'荃惊而问之曰：'此时黄帝阴符经上文，母何以而言？'母曰：'吾受此符三元六甲周甲子矣！'荃稽首拜之，具言吉得处……乃坐树下，说阴符玄义。言完，荃曰：'黄帝阴符三百言，百言演道，百言演法，百言演术。参演其三，混而为一，圣贤智愚，各量其分，得而学之矣'……"

　　《阴符经解》，宋蹇昌辰撰序："……黄帝始祖，道家者流。欲广真风，得元女三百余言，复系以一百余字，综合万化之机，权统群灵之妙，藏微隐妙，赅天括地，其经简，其意深，理归于自得者也。"

　　《黄帝阴符经注解》宋任照一撰序说："阴者暗也，符者合也。故天道显而彰乎大理，人道通乎妙而不知，是以黄帝修《阴符经》以明天道，与人道有暗合大理之妙，故谓之阴符焉。"

　　《黄帝阴符经注》孟绰然撰序说："《阴符经》三百字，言简而意详，文深而事备，天地生杀之机，阴阳造化之理，妙用真功，包涵总括尽在其中也。昔轩辕黄帝，万机之暇，渊默冲虚，获遇真经，就崆峒山而问天真皇人广成子先生，得其真趣，勤而行之。一旦鼎湖，乘火龙而登天。斯文遂传于后世也。"

《黄帝阴符经夹颂解注》王道渊序说："阴符之所以作也，肯黄帝慕道心切，故往崆峒山拜广成子而问至道，授以返还长生之诀，复于峨眉山又拜天真皇人。"

《黄帝阴符经集解》宋袁淑真撰序说："黄帝智穷恍惚，思想穴冥，辨天人合变之机，演阴阳动静之妙。经云：'知之修炼，谓之圣人。'所以黄帝得之以登云天，信其明矣。黄帝阐弘道义，务救世人，诚恐后来昧于修习，乃集其要三百余言，洞启其源，传示于世。"

历代名流学者，根据著作与历史条件，内容与风格，站在学术研究立场上分析此书，认为有成于周初、春秋战国或汉晋等朝代的黄老学派之手，判断各异。

《汉书·艺文志》记载的关于黄帝及黄帝时的著作就有六十余种。其中有论道的五种，阴阳、五行、天文、历谱、占卜的三十六种，医经、养生的十二种，兵法的十二种，其他的十余种。

黄帝之前未有文字，只结绳记事。黄帝观鸟迹，苍颉造文字。《史记》由此论证文字是由黄帝时始有。但这批庞大辉煌的六十余种著作，不但义理精深，而且文体结构完备通畅，令人难以想象，不能不给后人留下猜疑。笔者认为，有关黄帝及黄帝的《阴符经》等六十余种著作全非原著，但并非全是后人假黄帝之实、借黄帝之名为了表达自己的观点，自著其书，而是在黄帝思想的基础上始创，随着历史的发展而逐渐完善所形成的。总之，这些博大精深、有益于人类的著作，实为中华民族始祖——黄帝拓殖创造之功。

《黄帝阴符经》之基本思想

《黄帝阴符经》的基础思想，是依天地自然的运行之道，法阴阳消长变化之理，辨五行生克制化之机，作为修炼、治国、统军、御将的道、法、术。

《黄帝阴符经》虽篇幅短，但涉及层面广、条目多，内含天机，外契人事。本经全文贯穿着"自然"之义。上、中、下三章含藏着道、法、术三种妙用，前后始终渗透着"阴符"二字。前人将"阴"多以"暗"解，"符"作以"合"解。"暗合"是什么？是说天道的自然运行。日月往来、阴阳升降、消息盈虚必会自然形成寒暑交替、昼夜晦明、春夏秋冬、风云雷雨等现象。通过这些现象的升迁变化，随之就自然产生相互形成、相互制约、相互生养、相互感应、相互克害、相互扶助、相互依赖的造化之机。所以事物的成败兴衰、生死存亡、吉凶祸福、天地与万物之间、万物与人之间、事物与事物之间、人与人之间均在暗处契合着相互偷夺、相互窃取、相互损耗的造化之机。本经将此"暗合"一义，列举论述得很玄妙。首以"观天之道，执天之行"提醒人们，谨防天地之五气在暗处偷夺人的命体，因为在暗处，故称"五贼"。如人能悟察五气之妙用，反能偷夺天地之五气。这样就定会昌盛与长生。故谓"见之者昌"。贼即偷夺，偷夺是暗动之举。经书中说："天地，万物之盗；万物，人之盗；人，万物之盗。三盗既宜，三才既安。"这一段突出了一个"盗"字，"盗"即窃取之意。窃取是暗行之意。"火生于木，祸发必克；奸兴于国，时动必溃。"意即：火藏木中，奸生国内，然则火燃木自焚，奸兴国自破。木焚国破的前因，均在暗处。将此意涉及修身上，就是以"木"喻性，以"火"喻情，以"国"

喻身，以"奸"喻欲。木火、国奸之间又暗合着互为消解，互为损耗偷夺的紧密关系。情妄动必失本性，犹如火燃必焚木。六欲逞狂必丧自体，相似奸佞横行必乱国政。因此，抱道修真之士，戒除诸妄念，一意真诚，精思固守，返情妄归于本性。方免"奸"、"火"之盗，才能与道合真。经文"不知不神之所以神也"，"不神"即是天道的自然运化之机。天道的运行之机使人难以把握，故亦是"暗"意。再如下卷"禽之制在气"，意即禽的飞翔，善于制服驾驭气的技艺，仍是"暗"意。

本经将天地、万物、人三者之间，相互依赖、生扶、损耗、吸取、偷夺的互生关系以"暗合"一意立论，这和《老子》对宇宙事物发展变化的崇"无为"、法"自然"的观点是一致的。如不了解《黄帝阴符经》"五贼"和"盗机"的妙用，对《老子》尚"无为"、法"自然"的用意亦不易理解。《老子》"无为"、"自然"的理论不是消极的无所作为，而是积极的事先作备，待时而动，伺机而发，乘势而作，顺应客观事物自然规律的发展变化，从而做到有所作为，达到自己理想的目标。

柔弱谦和，是人的美德，常被人拥戴；恃强横暴，是人的不仁，常遭人厌弃。本经将以"盗机"立论，而《老子》以"无为"、"自然"立论。综观事物的相互转化，因在暗处，故本经命之"阴符"，而《老子》又说"微明"。

《黄帝阴符经》的主要特点是尊重自然。本经论述天地万物以及人类社会的支撑力量是"自然"。这里崇尚自然的观点列举论述得很明显。在首章第一句提示："观天之道，执天之行，尽矣。"观察天的自然运行之道，在人类社会，应遵而行之。这里说的"尽矣"，就是说人类的修齐治平之道，如顺应天道而行，就达到了顶点。除此之外，别无二法。第二章中说的"人知其神而神，不知不神之所以神也。"意即：宇宙自然和人类社会的发展变化，不是敬仰的神灵有意支配的。这和老子所说的"天之道，不争而善胜，不言而善应，不召而自来，绰然而善谋，天网恢恢，疏而不失"的道理是相通的。本经最后说"愚人以天地文理圣，我以时物文理哲"，认为天地之理是天然造就的，而非圣人制定的。顺天时，察物情，追本溯源，这才是唯一的至理。由此可见，本经是尊崇自然之道的。

《黄帝阴符经》三章分论

一、论修

本经第一章主要论述的是修炼之道。全章大意通过"观天之道，执天之行"的法则，论述了"天有五贼，见之者昌"为修炼的唯一原则。以"九窍之邪，在乎三要"为修养功理。以"天发杀机，龙蛇起陆；人发杀机，天地反复；天人合发，万变定基"为采药时机。以"火生于木，祸发必克，奸生于国，时动必溃"作为抱一修炼的唯一谨戒。

关于本经第一章的标题"神仙抱一演道章"的"一"，从宏观上讲，则是构成天地万物的基本素材，也就是造成天地万物的元气。从微观方面讲，则为人身的一气灵根。天地间阴阳合"一"则万物茂，二者离则万物枯。人身精气与神二者合"一"则长生，心肾不交则百病攻。故老子曰："是以圣人抱一为天下式。"（二十二章），"昔之得一者，天得一以清，地得一以宁。"（三十九章）

"载营（魂）魄抱一，能无离乎？"魂是人身的神，属阳主动，魄是人身的精气，属阴主静。精气与神合一，则体健，二者相离则百骸病困。人身的精气不能分离，但因情欲所致，以迫二者丧失常性，魂不得不飞扬而上升，魄不得不沉流而下降。久而久之，魂飞魄散，阴阳分离，神气失守，水火不济，则死期将至，大限临头。故修身之要道，无论哪家，皆以阴阳相守相合，精思固守，运转搏炼，驱使精气与神二者合凝归一而已。故《悟真篇》云："既驱二物归黄道，争得金丹不解生。"《黄庭经》曰："安炉立鼎法乾坤，锻炼精华制魂魄。聚散氤氲成变化，敢将玄妙等闲看。"《参同契》云："魂魄相拘，阴阳为度。魂魄所拘，阳神日魂，阴神月魄，魂与魄互为室宅。"由此可见，前人观天地的运行之道，恬淡世情，万缘俱消，静心笃行，心神专一，精思固守，返情归性，使火复原（木），搏炼运魄，驱使精气与神二物归一，是为超凡入圣、与道合真的唯一法门。前人将此意多以母子相抱、魂魄相恋、坎离互交、水火既济、铅汞合凝、降龙伏虎、乌兔来往作解。这些假名易号不过阴阳和合、神气归一而已。故吕纯阳真人曰："以精集神，以神合道，与天长久。"此为道家基本的修真功理，亦是最根本的炼养功法，可算为最正确的修炼途径。

二、论政

本经第二章主要讲富国安民之"法"。"法"即方略。全章主旨通过"天生天杀，道之理也"的自然之理，陈述了以"三盗既宜，三才既安"为调动各行各业的方式，以"明有数，大小有定"为统众理民的法则，以"其盗机也"为观世变、察安危的处身方略。

甲、天地无私

子午东部属阳，历春夏二季，草木乘势而生长。子午西部属阴，历秋冬两季，顺其时而收藏。人类亦然。柔弱谦和的君子，必获吉庆；放辟邪侈的小人，终遭败颓。这是理所当然，天地非有意为也。圣人效此"天生天杀"的自然之理，隐恶扬善，赏罚分明，也是在治理国民时应顺天理，制止涤除劣与恶的行径，提倡发扬优与美的品德。

乙、经文"天地，万物之盗；万物，人之盗；人，万物之盗"

天地、万物以及人类时刻互为生扶、相为依赖，在暗中相互吸取，损耗着命体，故谓"其盗机也"。天地、万物、人三者之间相互依赖，吸取的协调、等量、平衡则安泰，此谓"三盗既宜，三才既安"。三者之间互为利用的关系，如有过或不及者，就发生危殆。圣人取法于此，无私情、不偏爱。调理各级各层、各行各业，互为利用，相互依赖，使纵向各级各层的关系，和谐相宜，使横向各行各业之间的关系平衡等量。这样，就能达到上下安稳，各行各业得到合理并进的发展。另外，教人欲食有节，起居有常，调理百骸，强健身体，动止操作，随机应时。

丙、经文"日月有数，大小有定，圣功生焉，神明出焉"

圣人法此，将万民居落聚家成里，聚里成县，聚县成州，聚州成府，聚府成国。将人类的君臣、父子、夫妇、男女、兄弟根据上下、长幼而定人伦之序；按照方隅地理、风土民情而定分布管属。人的德性有优劣，材质有厚薄，根据人的贤愚、巧拙及擅长区分官位大小。故国有国君，府有府台，州有州官，县有县衙，里有里长。由国统府，由府统州，由州统县，由县统里。以上均根据天时，以时积日、以日积月、以月积季、以季积岁的运度之数而定的。

丁、体悟审辨事物的发展变化

天地万物的发展变化，因在暗处，故谓"盗机"。事物时刻不断地处于变化之中，故老子曰："天下皆知美之为美，斯恶已；皆知善之为善，斯不善已。"又曰："正复为奇，善复为妖，人之迷，其日固久矣。""富贵而骄，自遗其咎。"既此，其身应柔弱谦下，恭俭退让，忠恕信义，薄敛后施，不兴徭役，不夺民时。以此处身身必固，以此治国国必富，以此理民民必安。故《六韬·文韬·盈虚》中太公赞："帝尧王天下之时，金银珠玉不饰，绵绵文绮不衣，奇怪珍异不视，玩好之器不宝，淫泆之乐不听，官垣屋室不垩（涂刷），甍（栋梁）桷楹不斲，茅茨偏庭不剪。鹿裘御寒，布衣掩形，粝粱之饭，藜藿之羹，不以役作之故，害民耕作之时，削心约志，从事乎无为。"这样，虽是克约自身，但其中确含藏着长治久安和"盗机"。老子曰："是以王公自称孤寡、不谷。"虽是自贱，但在暗中夺取了万民对他的尊敬。自古迄今，富国安民之法，莫过于此。

三、论兵

本书第三章不仅论述强兵战胜之"术"，而且兼论修齐治平之道。"术"是料敌统军、驾驭将帅的技艺。章首以"瞽者善听，聋者善视，绝利一源，用师十倍"作例，全心全意、聚精会神体悟敌人主力、目的、诡计及战略计划。御将攻敌，首先断绝耳目之力，去除利欲之源，为克敌制胜的先决条件。以"天之至私，用之至公"为战略方针，除暴安民，势在必行。应以解救生灵为重，急民之所急，恶民之所恶。如此，方能获得众将献策，士卒效力，万众一心。在疆场临敌时，不以个人安危为重，能奋勇当先。这样虽然用之"至公"，却在暗中盗取了万民的拥戴，又是"至私"。

以"生者死之根，死者生之根"为攻战之术。选择阵地，必须选在敌人不料不测之处，方能获胜。《孙子·地九》中说："投之亡地然后存，陷之死地然后生。夫众陷于害，然后能为胜败。"《吴子·治兵》中说："凡兵战之场，立尸之地，必死则生，幸生则死。其善将者，如坐漏船之中，伏烧屋之下，使智者不及谋，勇者不及怒，受敌可也。"故曰："用兵之害，犹豫最大。三军之灾，生于狐疑。"这样，在表面上看是死路，却在暗中盗取了对方的麻痹不妨，又乘对方因获胜不妨的机会，乘势出击，威似烈风，快如雷电，使敌人在幸生中置于死地。

以"禽之制在气"为统军御将之术。禽能任意飞翔是有善于制气之术。载舟、覆舟都是水，飞翔、坠落均是气，拥戴、反对都是民。既此，欲领兵攻战者，统军御将之术至为重要。

以"恩生于害，害生于恩"为诱敌之法。《老子》曰："将欲夺之，必固与之。"引鱼上钩，先投香饵。以上说明《黄帝阴符经》充溢着克敌制胜的兵法战策。

《黄帝阴符经》原文

神仙抱一演道章第一

观天之道，执天之行，尽矣。天有五贼，见之者昌。五贼在心，施行于天。宇宙在乎手，万化生乎身。天性，人也；人心，机也。立天之道，以定人也。天发杀机，斗转星移；地发生机，龙蛇起陆。人发杀机，天地反覆。天人合发，万变定基。性有巧拙，可以伏藏。九窍之邪，在乎三要，可以动静。火生于木，祸发必克。奸生于国，时动必溃。知之修炼，谓之圣人。

富国安民演法章第二

天生天杀，道之理也。天地，万物之盗；万物，人之盗；人，万物之盗。三盗既宜，三才既安。故曰："食其时，百骸理；动其机，万化安。"人知其神而神，不知其不神之所以神也。日月有数，大小有定。圣功生焉，神明出焉。其盗机也，天下莫能见，莫能知。君子得之固躬，小人得之轻命。

强兵战胜演术章第三

瞽者善听，聋者善视。绝利一源，用师十倍。三反昼夜，用师万倍。心生于物，死于物，机在目。天之无恩，而大恩生。迅雷烈风，莫不蠢然。至乐性余，至静性廉。天之至私，用之至公。禽之制在气。生者死之根，死者生之根。恩生于害，害生于恩。愚人以天地文理圣，我以时物文理哲。

《黄帝阴符经》释义

神仙抱一演道章第一

观天之道，执①天之行，尽矣。

【注解】

①执：持也。

【释义】

天道运行，阴阳造化，消息盈虚，日往月来，因之有昼夜寒暑、风云雷雨之现象，万事万物因之有生长、收藏、成败、兴衰、吉凶、祸福之形者著。故天地有尊卑、上下之别；万物有荣辱、贤愚之分；阴阳有动、静之常，物有行、止之规。阴阳动静不失常者，天道清明，地道遐昌，四时顺序，风调雨顺，万物自然安泰。人为万物之表率，人的动止默契天机，如不失规者，居必公正，柔弱仁慈，和善谦让，则自然坎离交会，阴阳相合而相生，五脏六腑自然调泰，百骸九窍自然通畅，身躯健壮，性命永固，不求长生，自然长生。在国与天下者，若上下相宜，必然国安民丰，天下太平。相反，如失规者，人心昏乱，放辟邪侈，横暴刚戾，以致水火不济，阴阳不调，母子脱离，神气失守，万魔来攻，百病缠身，定会短命夭寿。既此，欲理身、理家、理国，必观天之无思无为的自然运行之道，阴阳动静的自然之常，持法依令而行，万事之理皆在于此。是为至简至易、不劳心力、最为完备、最为稳妥、尽善尽美的修身、齐家、治国、平天下之道，除此之外，别无二法，故谓之"尽矣"。《周易·系辞·上传》中说："仰以观于天文，俯以察于地理，是故知幽明之故，原始反终，故之死生之说。"《下传》中说："古者包牺氏之王天下也，仰则观象于天，俯则察法于地，观鸟兽之文，与地之宜，近取诸身，远取诸物，于是始作八卦，以通神明之德，以类万物之情。"《太平经合校》卷十八至三十四中说："故顺天地者，其治长久，顺四时者，齐王日兴。道无其辞，一阴一阳，为其用也。得其治者昌，失其治者乱。得其治者神且明，失其治者道不可行。详思此意，与道合同。"由此可见，上古圣君明王，无不是体天法道，遵自然之使令，效阴阳之动静，暗通神明的造化之德，以此作为法则而修身、治国。

天有五贼[①]，见[②]之者昌。

【注解】

①贼：损害，偷夺。

②见：察觉，意识。

【释义】

在天道运行、阴阳升降造化的过程中，无思无为，自然而然散发出生成万物的五类元素。这五类物质元素，统称为"五行"。五行有质有气。其质为金、木、水、火、土。这五种质是造就各种物体的元素。其气为风、寒、暑、湿、燥，这五种气是天地生化万物的元气。它的运化次序就是春、夏、秋、冬，再加上一个长夏，即五季。如春为木，木能生火，故火者应于夏季，火能生土，土应于长夏；土能生金，金应于秋；金能生水，水又应于冬季。这是五行根据五方运化为五季的顺生之序。它的方位即东、西、南、北、中。由此五类元素生成的事物就有青、赤、白、黑、黄五色，发出的声是宫、商、角、徵、羽五音，其味为酸、咸、苦、辣、甜。事物本身的变化过程则是生、长、化、收、藏。应之为人身，则是心、肝、脾、肺、肾五脏；眼、耳、口、舌、鼻五官；形体为筋、骨、肉、皮、脉；情志为怒、喜、思、悲、恐；在人伦规范则为仁、义、礼、智、信五常。万物不知不觉，时时刻刻被此五类长生保养和偷夺耗损着命体。物物不同，事事不等，轻重亦不一，故长生养护和偷夺耗损的程度也不一。只许顺从，不许违逆。如逆为杀，是衰亡。也就是说，被此五类夺取耗损了生命。如天道逆就自然出现兵饥、水旱、蝗疫之灾。如顺，就是生，是昌盛，也就是偷夺吸取了别人此五类的精气从而得以长生。因其在暗处互为偷夺，故称"五贼"。人能体察此五行顺逆的生杀之机者，就能昌盛。故曰："见之者昌。"

五贼在心，施行于天。

【释义】

五行顺逆的生杀之机，小则在身内之心，大则布施于天地之间。善于用者，则能盗天地之气，夺阴阳之造化，这样就能长生久视。不善于用者，反被夺去其生命。如五色、五音、五谷、五味之类。善于用者，以适宜等量恬淡为上。如此则能明目畅情，调和心性，滋养肠胃，使人身形健壮，心情愉快。不善于用者，以浓厚利欲为快，如此不但无益，反致目眩眯情，昏乱迷性，破肠伤胃，以致身形枯竭，心情苦闷，不知不觉又被此五贼夺去自身的命体。故老子曰："五色令人目盲，五音令人耳聋，五味令人口爽，驰骋畋猎令人心发狂，难得之货令人行妨。"能觉悟体察五贼顺逆的是心，故谓"五贼在心"。又如五行顺，则水能生木，木能生火，火能生土，土能生金，金能生水。风调雨顺，五谷丰登，百业兴盛。如五行逆，水克火，火克金，金克木，木克土，土克水。四时不节，说冬又是热，说夏又是冷，水旱不均，阴阳不调，寒暑错乱，以致草木不生，万物枯败，瘟蝗饥寒并起。此谓"施行于天"。

人类亦然，人与人之间，国与国之交，如仁、义、礼、智、信此五常失调（逆），国必互侵，人民不安，风气不正，盗贼四起，以致天下不泰，上下不宁。如仁、义、礼、智、信此五常适宜（顺），必政通人和，官清民安，乡邻和睦，万民安乐。

宇①宙②在乎手③，万化生乎身。

【注解】

①宇：四方上下，即空间。

②宙：古往今来，即时间。

③在乎手：自由掌握。

【释义】

在大寰宇内，古往今来，盛衰交替，荣枯变迁，生死存亡，千变万化，总归阴阳升降所定。既此，祸福自取，生死由我。将此意以八卦中坎、离二卦的纵向交互变化，试论生杀之理。"坎""离"二卦在天则象征着日月，在地则象征着水火，在气则象征着阴阳，在人则象征着男女，在身则象征着精气与心神。

"坎"（水）置上，"离"（火）在下，其象为☵，是为水火既济。"既济"即达到目的成功之意。从卦的整体看，是将炎上的火性置之于下，流下的水性置之于上。是水火相交相合之意。从奇偶爻位来看，是阴爻在偶的位置，阳爻在奇的位置，说明阴阳奇偶均得正位，此意在人则象征着男女正当相亲相爱，不愿舍离，其中有着无限生化的妙用。在人身象征着精气与心神和合相交，神气相守，母子相依，如此"神依形生，精依气盈"，可使人身的寿命"不凋不残"，犹如松柏，永远常青。

离（火）之性，本轻浮易于炎上，再置之于上，坎（水）之性，原重浊易于流下，再置之于下，其象则为☲，以致水火未既，"未既"即不能达到目的，也就是不成功的意思。从卦的整体看，火炎上，水流下，火水不交，阴阳两分。从爻位上看，阴阳奇偶均不得正位，此意在人则神气失守，母子分离，阴阳不调，百脉枯竭，以致疾病短命。

体悟人身的坎（水）离（火）交会，神气相守，阴阳升降的妙用，乾坤自由扭转，坎离任我抽添。故古人云："若要了这阴阳理，天地都来一掌中。"因此说："宇宙在乎手。"阴阳的造化之机，我身具备。常言道："人身虽小，暗合天地。"故曰："万化生乎身。"

天性，人也；人心，机也。

【释义】

人禀天地正气而生成，生成之后，人又是天地的一个小化身。天地的空间为太空，太空中一点不昧的虚灵，即天性。此性常清常静，无情无义，无思无为，但它应变事物无有休停。

此性应之于人，即为人心，人心因有情有意，想思有虑，时时在动，故谓"人心，机也"。

立天之道，以定人也。

【释义】

天道，是万物的主宰，故欲得人类社会的太平，人身自我生命的安宁，必须返本归根，依循常清常静、无思无为、无情无义的天道。

天发①杀②机③，斗转星移；地发生机，龙蛇起陆。

【注解】

①发：起始。

②杀：异变。

③机：事物的变化因由。

【释义】

阳气闭塞，阴气盛行，天地昏冥，旱涝不均，四时不节，怪异滋生。龙蛇本是阴性之物，弃洞穴而起陆。虫鼠狂荡，豺狼当道，瘟疫流行。

人发杀机，天地反覆。

【释义】

正气下降，邪气上升；君子在野，小人在位；忠良遭殃，权奸擅威；贤人退隐，奸雄当道；志士回避，贼寇猖獗；愚顽作孽，世风淫乱；民情乖戾，生灵涂炭，百姓思乱；大小颠倒，是非混淆。此为"天地反覆"之意。

天人合发，万变定基。

【释义】

待天人杀机合发的时候，天灾人祸并起，物极必反，乱极必治，是否极泰来之象。此时，万般的变化已到极点，均在归宿，圣人依其理存其势，大显德威，奠定新的治理开端。此谓："万变定基。"《六韬·武韬》中说："王其修德以下贤，惠民以观天道。天道无殃，不可先倡；人道无灾，不可先谋。必见天殃，又见人灾，乃可以谋。"

性有巧拙，可以伏藏。

【释义】

人性即天性，禀太空虚灵厚者，其性聪而巧。禀太空虚灵薄者，愚而拙。欲得静养天真，全身远害，最宜身藏其巧，待时而动，随机应变。故老子曰："大智若愚，大巧若拙。"又曰："光而不耀。"与此意相通。

九窍之邪，在乎三要，可以动静。

【释义】

　　人身内有五脏六腑，外有四肢九窍。人身所遭遇的邪恶、灾祸，虽由此九窍而招，但其最重要的是由眼、耳、口三处而定，此三窍妄动则招邪，三窍镇静则清平。眼观而神驰，耳听则精散，口开则气耗。三者放荡不羁，足使心神躁动不安。三者恬淡自然，心神自然清静。故老子曰："塞其兑（口），闭其门（耳、眼），终身不动。开其兑，济其事，终身不救。"意即：紧闭三要，性体才能清静圆明，不劳心力，万事自然顺成。如放开三要与世情相接相济，反将圆明的体性沉沦于尘网之中，以致终生苦役，劳苦不休，直至于赘累而身死，其心神随之亦消散，虽有神医，岂能扶救？

火生于木，祸发必克；奸①生于国②，时动必溃③。

【注解】

　　①奸：喻人的情妄与机智。
　　②国：喻人身。
　　③溃：破散，败亡。

【释义】

　　火生于木，木生火后，木又被火焚烬。七情六欲的兴作，心地的知觉，九窍的感应，皆依于身内的一点真性。人因贪妄世情过甚，其清静圆明的性体，又被七情六欲掩盖。既此，洗涤七情、妄行，返情归性，生命方可坚固。国除奸佞，国家才能安宁。

知之修炼，谓之圣人。

【释义】

睿通渊微，恬淡世情，看破红尘，视功名利禄皆为幻影，故远声色，去货利，"少思寡欲，见素抱朴"，塞兑闭门，含养天真，除情遣欲，返情归性，修性炼命，与道合真。如此知之修炼者，方可谓之圣人。

富国安民演法章第二

天生天杀，道之理也。

【释义】

老子曰："天地不仁，以万物为刍狗；圣人不仁，以百姓为刍狗。"天地无心，应时而施的生杀，皆合自然之道的运化之机，并非有意为也，或妄动也。天地之间有阴阳二气，互为升降交感，自有消息盈虚，必生五行之气。五行之气，随时应令，故木、火、金、水、土各有旺相、休囚的相应季节。得时得理，则长生旺相。失时失理，则肃杀休囚。如木、火逢春夏的温暖阳和之气，为适时得利，则生育长养而旺相。相反，金、水则失时失利而休囚与绝死。临秋冬，金、水随寒凉阴洌之气为适时得利，则生育长养而旺相。相反，木、火则失时失利而休囚与绝死。此皆是自然之道，至公至平，非天地有心妄动之敌。

天地，万物之盗；万物，人之盗；人，万物之盗。三盗既宜，三才既安。

【释义】

老子曰："物壮则老，是谓不道，不道早已。名与身孰亲？身与货孰多？得与亡孰病？是故甚爱必大费，多藏必厚亡。"天地生成万物，万物不知不觉又在天地的运化之中，由少至壮，由壮以至于凋零而枯死，最终归于虚无。这是天地盗走了万物的生机。故曰："天地，万物之盗。"

人因求生之厚，"恋香味色声而触法，贪嗔嫉妒，恶口妄言，杀盗邪淫"，贪名逐利，终身苦役，祸患赘羸，以致轻易丧命，这又是万物盗去了人的生命。故曰："万物，人之盗。"

人在天地之间，"假火、风、地、水以成形"，既有形体与性命，得五色、五声以快耳目，五谷、五味以养其体肤，得货财以富其家室，这是人盗取了万物之精华而得以生息。故曰："人，万物之盗。"

除此之外，人与人之间，亦是如此，在暗处互为作盗。老子曰："柔弱胜刚强。既以为人己愈有，既以与人己愈多。是以圣人后其身而身先，外其身而身存，非以其无私邪？故能成其私。"

天地、人与万物三者互为资用，互为藉利。相宜平衡者，能相生相养，相辅相成。不相宜者，则相杀相害，相制相伏。此三者应适时顺理，不可有过与不及。阴阳不可偏胜：如阴湿者，急可暄之以晾晒；阳燥者，急可滋之以浸润。通过这样调理，使适宜等量才能平安长存。人伦社会，相交相处，仍应相等平衡。为君者，不可高亢其上，下欺臣民；为臣者，应谨其职守，不可轻慢其上。朋友来往，应持约忠信，互用资财要平衡，不可互为哄骗而多得；夫妻相处，和合相爱，不可偏胜，另图贪淫。如此平衡与适宜，天地、人与物三者才能宁静与安泰。

故曰："食其时，百骸理；动其机，万化安。"

【释义】

人非饮食而不能生活，饮食等量适宜，则能养人，反之则能伤人。故人食五谷与五味，不可生熟不一，五味偏食，不时不节，大饱大饥。一定要营养均衡，滋味调匀，生熟相一，适时适节。如此可以调理百骸，安和五脏，百病不生，延年益寿。常言道："病从口入，祸从口出。"故内经曰："饮食有节，起居有常，不妄作劳，是谓知道。故君子饮天和以润神池，德以滋形也。"故《生天得道真经》中说："乃节饮食，躯遣鬼尸，安寂六根，静照八识，空其五蕴，证妙三元，得道成真，自然升度。"又《修养丹法》中也说："调和饮食小接命。"均与本经讲的"食其时，百骸理"的意理相通。

除此之外，一切兴作动止仍要符合天道的造化之机。天有生杀之理，道有造化之机，天地、人、万物三者，必顺理而随运化之机。万事万物的造化，自然才能安泰。如天时逢春夏，大道的造化之机，到了生长之时，农夫应勤于耕作，如失机，必误农时。人伦之道亦然，内经曰："男子二八岁，则阳足，女子二七岁则天癸至。"这就是男女的生育之机已到，必娶嫁而成家室。如过早，男女精血不足，几有损。如再迟，阴阳过盛，则双方难守。每日工作亦是如此，白昼属阳，是动，故清晨就得早起，日出而作。黑夜属阴，是静，日落必须早早就寝，所谓日落而息。在成就事业上，仍贵的是时机，治国平天下，以及修养同然。故《论语·为政》中说："道千乘之国，使民以时。"鹏鸟高飞，须得水积三千里之机，方能搏击扶摇上九万里。人在修炼过程中，必待子时阳动，方是下手采药良机。植物在幼苗时，正是施肥、除草、抚育之良机。人在童年时，正是德、智、体三育机。动干戈，兴兵作战，虽是不祥之事，但得时得理得利者，万民亦乐其乐。如汤伐夏，周伐纣，兵师所过之处，箪食壶浆以迎王师者，盖是天人共愿，时机之适也。故《周易·系辞·下传》中说："公用射隼于高墉之上，获之，无不利。"子曰："隼者，禽也；弓矢者，器也；射之者，人也。君子藏器于身，待时而动，何不利之有？动而不括，是以出而有获，语成器而动者也。"大则宇宙，小则一事一物，动止必随时机，这样事物各随本身的造化，方可稳妥不乱、安然无危。

人知其神而神，不知其不神之所以神也。

【释义】

常人皆崇拜供在堂上的神灵，通过虔诚跪拜与敬奉，才能降格有灵验。不知天地的自然运行，阴阳的消长造化，不供不拜，看不见的这个神，才最为灵验。故老子曰："天之道，不争而善胜，不言而善应，不召而自来，绵然而善谋，天网恢恢，疏而不失。"天道循环，无往不复。阴阳造化，消息盈虚。吉凶祸福，由人自造。积善之家，必有余庆。积恶之家，必有余殃。天道运行，阴阳造化，万物生杀，人间祸福，种瓜得瓜，种豆得豆，积善成福，积恶成祸，毫厘不差，最灵最感，至公至平，不知不觉，不见不闻，微妙难穷，不神至神。

日月有数，大小有定。圣功生焉，神明出焉。

【释义】

十二时辰为一日，五日为六十时辰，天干与地支中重相遇会，故谓一元。三元为一气，二气是一月。三月为一季，四季为一年。故积时成日，积日成月，积月成年。日往则月来，日月相推，明生岁成。昼夜往来，寒暑交替。春夏秋冬，四季运行。无论大小、多少，自然有条不紊，均有长生收藏的定数，神妙难言。以上是为小计的日月之数。如以大计者，是以上中下三元而计年。上、中、下各占三元，共为九元。六十年为一元。上上元六十年，上中元六十年，上下元六十年。此为上三元，共计一百八十年。中三元及下三元以此类推，各为一百八十年。上、中、下三元共五百四十年，为一劫。因上中下三元各占三元，三三共是九元，阳数九为至极，阳极生阴，物极必反，故三元总会，甲子从头重起。天、地、人三才，无论大小多少、尊卑贵贱、善恶贤愚，根据各自的修为内因，在天上，日月星辰易位；在地下，山川河海更移；在人间，政风民情变革；胎卵湿化，万事万物，不论薄厚、深浅、粗细、长短，均根据各自不同的内因体性，随着时、日、月、年的数度，有着不同的升迁变化。如：朝生暮死的菌芝，不知晦朔。生于春死于夏的蟪蛄，岂晓秋冬，此为

"小"例。又如："楚之南有冥灵者，以五百岁为春，五百岁为秋。上古有大椿者，以八千岁为春，八千岁为秋。"此为"大"例。以上两者，根据各自不同体性的大小，定其生死存亡变化。又如斥鷃腾跃而上，不过数仞，只能穿梭于蓬蒿之间。鹏鸟高飞，能上九万里，背负青天，将飞达于南冥。小人以小利世味为乐为善而贪得，故有时盛、时衰之不常。大人以大义天道为乐为善为抱负，故有长载久安之永恒。此两者是根据各自不同的德行，定其盛衰与长短，故经中说的"大小有定"即是此意。

睿通渊微，深知日、月运度之数、明晓万物情理的圣人，度其时令之数，量其事物之大小而建功立业。故曰："圣功生焉。"自然而然，不假造作，至简至易，神妙莫测，故称"神明出焉"。

其盗机也，天下莫能见，莫能知。君子得之固躬，小人得之轻命。

【释义】

老子曰："将欲歙之，必欲张之。将欲弱之，必固强之……是谓微明。"万事万物就是这样根据各自本身不同的内因、体性、德行不断地变迁与转化。物极必反，理穷则变，这是大道运化万物的自然秩序，亦是事物的必然之势。常人只知事物已形成的现象，而不知形成事物之机早已隐含在事物的反面。因微妙不可睹视，故《老子》谓之"微明"。又因事物已成现象，在暗处向反方向转化，故本经谓之"其盗机也"。如仁人君子得之此机，上顺天理，下随物情，因任自然，可以兴邦治国，更可以保固生命。小人得之此机，以求生之厚，妄贪世味，恣情纵欲，胡作非为，擅用权谋，使用诈术，不知不觉，又被此机反盗其生命。"君子得之固躬，小人得之轻命"，即是此意。

强兵战胜演术章第三

瞽者善听，聋者善视。绝利①一源②，用师十倍。三反③昼夜，用师万倍。

【注解】

①利：指快利耳目，牵引神心的声色名利等。

②源：根，因由。

③三反：是指眼（收视）、耳（返听）、口（希言）。

【释义】

用兵之术，故在审辨敌人虚实。目能视者，形于色也，耳能闻者，音与声也。然则对方的虚实强弱目不及视，耳不及闻，唯有冥心静悟，方可察知。目张则视驰，引神则凝于一方，耳闻则精散，导意偏注于一隅。既此，瞑目不视，其神自然归原。塞耳不听，其意自然返本。师是开导、指迷、传道、授业者。如目不外视耳不狂闻，心神专一，胜过用师十倍。再如在昼夜之间，专心致志，精义入神，无有间断，可以胜过用师万倍。如瞽者，由闻声之中善辩其来意。聋者，由视色之中善审其去向，是精气汇集，心神专一之故。

《庄子·应帝王》曰："南海之帝为倏，北海之帝为忽，中央之帝为混沌。倏与忽时相与遇于混沌之地，混沌待之甚善。倏与忽谋报混沌之德，曰：'人皆有七窍以视听食息，此独无有。当试凿之。'日凿一窍，七日而混沌死。"耳目所能视听的，口鼻所能嗅尝的，身意所能感觉的，只不过是片面、局部、粗浅的事物之末而已。至于事物精微之奥理，万化玄妙之本源，唯独虚明的本来性体才能了悟。故老子曰："常无欲以观其妙。"

目张则心机驰骋，耳开则精气散发，以致神志不能专一，性体不能纯净。欲了悟大道者，应闭目反观内照，塞耳回听天籁。如此方能心神归一，"内外相通，心目内观，真无所有，清静光明，虚白朗曜，杳杳冥冥，内外无事，昏昏默默，正达无为"。故老子曰："五色令人目盲，五音令人耳聋。"又曰："塞其兑，闭其门，终身不勤。开其兑，济其事，终身不救。"

由此可见，人如能将素日所妄贪的功利，绝净一源，胜于用师传授十倍。再如能跳出尘网，彻底斩断六根，方能达到神气专一，澄心静虑，万缘俱消。再如在昼夜中能致虚、守静，无有间断，胜过师授万倍。

心生于物，死于物，机在目。

【释义】

心之所动，欲贪物景，不知不觉，又被物景盗入死地，是"心生于物，死于物"。然则心之有此动机者，是因眼目能视之故，目开心动，心动神驰，追逐物景，迷于世情，纷扰灵根，不能常清常静。欲修大道者，首先戒慎，目不妄视，冥目静心。故老子曰："不见可欲，使心不乱"，盖是此意。

天之无恩，而大恩生。迅雷烈风，莫不蠢然。

【释义】

天地无亲、无情，不分高低、上下、香臭、软硬、刚柔、左右、前后、强弱，理穷者必变，物极者必反。更不论荣辱、贵贱、贤愚、尊卑、长幼、亲疏、贫富、远近。体道则兴，背理则亡。故曰："天之无恩。"

天无私覆，地无私载。雨露不偏施，不论山川、动植、长短、曲直、胎卵、湿化、大小、多少，均获日月照临之恩，咸沾雨露滋润之惠，故曰："而大恩生。"

阴阳消长，雷的震动，风的扰散，雨的泽润，日的燥暖，万物因之蠢然而生茂。故曰："迅雷烈风，莫不蠢然。"又如天以大道主生杀之机，不执斧钺，不持刑拷，迅雷震威，匿名惊远惧迹，不论贤人君子，或不肖之小人，皆畏惧而自修。

至乐性余①**，至静性廉**②。

【注解】

①余：往来自如，变动不拘，不留不滞，不染不着。

②廉：性体圆明，不染一尘，湛然清澈，廉明清洁。

【释义】

常人以为生活安逸，口得香味，形得美服，目得好色，耳得好音，富贵寿善者，是为至乐。有道者不然，则忍为性外的情欲之乐，并非至乐。至乐是无为自然，坦荡平夷，性全圆明不亏，不妄劳心力，逍遥方外，"纵横自在无拘束，心不贪荣身不辱。闲唱壶中白雪歌，静调野外阳春曲"。不贪不着，自在宽余。故曰："至乐性余。"

老子曰："致虚极，守静笃。"又曰："清静为天下正。"《庄子·庚桑楚》中说："正则静，静则明，明则虚，虚则无为而无不为也。"就是"水静则明，平中准，定上下，大匠取法焉。水静犹明而况精神乎。"意即："能拼众缘，永除染着。净扫迷云无点翳，一轮光满太虚空。慧风出自天尊力，扫除心界不遗尘。"即是后天的情欲全无，达到虚而至虚，静而至静，谓至静。使本来的性体光明圆满，故谓之"廉"。故老子曰："涤除玄览，能无疵乎？"亦是此意。

天之至私，用之至公。

【释义】

　　老子曰："天地所以能长且久者，以其不自生。是以圣人，后其身而身先，外其身而身存。非以其无私邪？故能成其私。"又云："生而不有，为而不恃，功成而不居。夫唯不居，是以不去。夫唯不争，故无尤。"天无不覆，地无不载，雨露不偏施，故万物皆赖。雷以动之，风以散之，日以暄之，雨以润之，而得长之、畜之，是为"用之至公"。由此又能证果成真、位列仙班者，又是至私。本经所说的"天之至私，用之至公"，实乃治国、处世、修身之妙道也。

禽^①之制^②在气。

【注解】

　　①禽：多以擒纵解，又以飞禽解。
　　②制：制服。

【释义】

　　老子曰："专气致柔，能如婴儿乎？"养生之术，全在擒纵与制服气，使气与元神合一，神不离气，气不离神，神气相守，合凝归一，长生之道自悟，金丹不炼自成。三寸气绝，立可丧命。又如飞禽善于操持并能制气者，可以任意飞翔。相反，不善于制气者，反而坠落。治国同然，固国、倾国者皆民，善于制服利用臣民者，可以兴国。不善于利用者，可以丧国。常言道："载舟覆舟皆水。"治国和修身，均在于擒制之术。

生者死之根^①，死者生之根。

【注解】

　　①根：是因、源之意。

【释义】

老子曰："吾所以有大患者，为吾有身，吾有何患？"厚其生反而丧其生。人有身之后，因贪生怕死，故求厚养其身，纵恣奢溢，超常越分，以致祸患来临，必丧其生。故曰："死者生之根。"养生之术，亦以此为要诀。故《丹经》所论述的"心生性灭，心灭性现"，正是此意。

恩生于害，害生于恩。

【释义】

恩害相生，祸福相因，理所当然。孩子蒙父母养育之恩而成长，如继续娇生惯养，就成为漂浪之子，成为一事无成的无用之材，这岂不是由恩生出害来了吗？如父母对孩子自幼以人伦规范、天理物情的自然之理严加教育，使孩子动则成规，止则有矩，为人之楷模。如"囊萤"、"映雪"，如"负薪"、"挂角""头悬梁"、"锥刺股"。如此在贫穷苦难之中，不断深造自己，当时是"害"，而终将成为辅国栋梁，人中龙凤。这不就是由害中带来恩吗？这正如孟子所说的"生于忧患，死于安乐"。

愚人以天地文理圣，我以时物文理哲。

【释义】

只知其一，不知其二。只知其然，不知其所以然。拘泥于一隅，死守于一方，不通权达变者，谓之"愚"。日、月、星、辰、风、云、雷、雨，是天之现象，故称"天文"。河海山川，金石草木，是地之著表，故称"地文"。天、地人及万事万物，虽参差不等，其运化之道，是统归为一体，互感形成。如人类的社会民情浇薄奸诈，天道有感，必显异象。地道亦然，必产异物。如人类真诚厚朴，天道必清明平静，地上生物繁衍，五谷丰登。故老子曰："师之所处，荆棘生焉，大军之后，必有凶年。"过去还有邹衍下狱，六月飞霜，齐妇含冤，三年不雨。荆轲刺秦王，因精诚感天，故有白虹贯日之兆。以上正是天、地、人万事万物统一运化、相为感应、互为形成的写证。常言道："国正天心顺，官清民自安。妻贤夫祸少，子孝父心宽。"物与物之间，人与人之际，交接相处，所产生的悲伤忧恐和喜怒哀乐，所形成的吉凶祸福、成败盛衰，亦是互为影响、相互形成的。

星辰顺序，河海静默，山岳稳固，风调雨顺，五谷丰登，时和岁稔，这是天地文理之顺。星辰失行，四时错乱，旱涝不均，河海不静，山崩地裂，草木不生，饥年荒岁，这是天地文理之逆。愚人认为天地文理的顺逆是天地造就、神圣注定的至理，不可改变，无法更移，故只能生恐惧之心、反省自修而已。

君王体道，国纲大振，臣忠为民效力，民风淳厚，恭俭退让，不相伤害，路不拾遗，夜不闭户，政通人和，这是时物文理之顺。君不修德，放荡淫侈，奢侈不节，大臣贪权谋利，擅离职守，愚顽作怪，狂徒扰民，贼寇四起，盗劫滋生，这是时物文理之逆。而"我"认为时物文理顺、逆是有原因的，并非既定的。《六韬·文韬·盈虚》中说："天下熙熙，一盈一虚，一治一乱，所以然者何也？其君贤不肖不等乎？其天时变化自然乎？"太公曰："君不肖，则国危而民乱。君贤圣，则国安而民治。祸福在君，不在天时。"既此，沿着事物的形成，追溯事物形成的根源，随天时应物情，是可以改变的。故老子曰："其脆易破，其微易散。"《周易·系辞》中说："臣弑其君，子杀其父，非一朝一夕之故，其所由来者渐矣，犹辨之不早辨也。"意即：在事物未形成之前，能辨别清事物的动机，可以制止它的发展和改变事物未来的结局。例如：齐桓公如能辨清易牙烹子奉献的不良动机，而能顺听管仲的忠告，焉能酿成身遭困死之祸？

《黄石公素书》概论

一、黄石公其人其书考

黄石公其人之生卒年代及活动情况记载甚少。据《神仙通鉴》记载："神龙为帝，见一异人，形容古怪，言语癫狂；上披草毡，下系皮裙；蓬头跣足，指甲长如利爪；遍身黄毛复盖；手执柳枝，狂歌乱舞；口称予居黄石山，树多赤松，故名。"前人因见此载，故有黄石公即赤松子，赤松子即黄石公，二者是一人的传说。

据《史记》所载张良生平中说：秦末，韩国少年张良，为报灭国之仇，悉以家财访求刺客，在博浪沙谋刺秦始皇。不料误中副车，刺客被擒，触柱而死。秦王大怒，下令通缉刺客之主使。良在生死紧急关头，更姓易名，遂逃匿下邳（今江苏省邳县南睢宁北），有意结识各方豪杰，以待复仇之机。后来良在沂水大桥（今江苏省邳县南），偶遇一位身着粗布褐色衣服的古怪老人。待良至前，老人故意将自己的鞋抛落桥下，并傲慢地对张良说："孺子（即小孩子）下去将鞋给我捡上来！"张良对老人这样的举动很气愤，并欲痛斥。但又想到此位老人年迈，不必如此，于是勉强将鞋捡上来。老人说："给我穿上。"张良想："既已给他把鞋拾上来，给老人穿上有何不可。"于是又跪下将鞋给老人穿上。老人看张良不但能忍辱拾鞋，还能谦恭地跪下为其穿鞋，便赞其胸志。老人含笑而去。张良自感惊奇，望老人远去。一会儿，老人又返回来道："孺子可教也，五日后清晨至此与我相会。"良觉得此老人举止不凡，便跪拜曰："是！"在五天后的清早，天刚发亮，良急忙赶到桥上，谁知那老人已站立桥上多时，对良气愤地说："与老人相会，为什么迟到？"于是不悦而去。临走时又对良嘱咐说："五天后在此复会！"过了五天，良在半夜之前就赶到桥上。待了一会，那老人方到，高兴地说："应当如此。"接着从袖中掏出一部书授给张良，说道："你读了此书，就可以做帝王之师了。再过十年，将会兴兵起事。过十三年之后，你与我在济北重遇，谷城山下有块黄石就是我。"说完飘然而去，遁然无踪。天亮后，良看其所授之书，原是一部《太公兵法》。张良认真研读此书，后来果真做了汉朝开国皇帝刘邦的军师，辅刘邦灭了楚项，统一了天下。恰在老人交代的十三年后，张良随刘邦路经济北，果在谷城山下见一黄石，随之搬请府中，如同珍宝似地供奉起来。良逝后，与黄石合葬一处。后人尊称这位授书老人为黄石公。

唐魏征（公元580—643）的《隋书经籍志》称黄石公为"下邳神人"，唐李善（约630—689）的《文选注》称黄石公为"神人也"。

《黄石公素书序》为宋张商英撰写，原文为《黄石公素书》六篇。《汉书·张良列传》："黄石公圯桥所授子房《素书》，世人多以《三略》为是，盖传之者误也。晋乱，有盗发子房冢，于枕中获此书，凡一千三百六十言。上有秘戒：'不许传于不神不圣之人。若非其人，必受其殃。得人不传，亦受其殃'。呜呼！其慎至如此。黄石公得子房而传之，子房不得其传而藏之，后五百余年而盗获之。自此《素书》始传于世间。然其传者，特黄石公言耳，而公之意，其可以言尽哉！窃尝评之，天地之道，未尝不相为用，古之圣贤，皆尽为焉。尧钦若昊天，舜齐七政，禹叙九畴，传陈天道，文王重八卦，周公设天地四时之官，又立三公燮理阴阳，孔子欲无言，老聃建之以常无有。《阴符经》曰：'宇宙在乎手，万化生乎身'。道至于此，则鬼神变化，皆不能逃吾之术，而况刑于名度数之间者欤？黄石公，秦之隐君子也，其书简，其意深，虽尧、舜、禹、汤、文、武、周公、孔、老亦无以出此矣。然则黄石公知秦之将亡，汉之将兴，故以此书授子房。而子房者，岂能尽知其书哉？凡子房之所以为子房者，仅能用其一二耳。

书曰：'阴谋外泄者败。'子房用之，尝劝高帝王韩信矣。书曰：'小怨不赦，大怨必生'。子房用之，尝劝高帝侯雍齿矣。书曰：'决策于不仁者险'。子房用之，尝劝高帝罢封大国矣。书曰：'设变致权，所以解结'。子房用之，尝致四皓而立思帝矣。书曰：'吉莫吉于知足'。子房用之，尝择留侯自封矣。书曰：'绝嗜禁欲，所以除累'。子房用之，尝弃人间事，从赤松子游矣。

嗟夫！遗糟弃滓，犹足以亡秦项而帝沛公，况纯而用之，深而造之者乎！

自汉以来，章句文辞之学识，而知道之士极少。如诸葛亮、王猛、房乔、裴度等辈，虽为一时贤相，至于先王大道，曾未足以知其仿佛。此书所以不传于不道不神不圣不贤之人也。

离有离无之谓道，非有非无之谓神，而有而无之谓圣，无而有之之谓贤。非此四者，虽诵此书，亦不能身行之矣。"

以上几种记载，虽未将黄石公生卒年月及活动情况予以详尽叙述，但说明黄石公确有其人，在圯桥上给张良授书亦有此事。至于究竟授何书，前人有三种说法。《史记》中说是《太公兵法》，还有人认为是《黄石公三略》，宋张商英按前汉所传，说黄石公圯桥上所授给子房的是《素书》。世人多以《三略》为是，盖传之者误也。他还说：在晋代世乱时，有盗贼因掘子房坟墓，在枕头中得获此书。此书共有一千三百三十六言（字），上有秘戒："不许传于不神不圣之人；若非其人，必受其殃。得人不传，亦受其殃。"呜呼！黄石公对此书就这样的慎重，黄石公视子房之胸志，观子房之品德，知得其人矣，故传给子房。此后，子房因未得到传人，故未传世，随之身死同藏于墓中。据张商英说：《素书》的传世是盗贼从墓里枕头中发掘的。

笔者认为这种记载的可能性是有的。因为道家对道术的传授不得不如此严肃和慎重。如老子说："鱼不可脱于渊，国之利器，不可以示人。"庄子曰："天下之善人少，不善人多，圣人之利天下者少，而害天下者多。"《阴符经》云："君子得之固躬，小人得之轻命。"都是说，将这些治国、理民、统众、攻战之韬如轻示于人，则人人必以阴谋诡计互为利用，又因此导致社会不宁，国政败颓，万民不安，天下不太平。如正人君子得之，可能理身、理家、理国。由此可见前人的严谨，而子房因不得其传人而随身藏于墓中是可能的。

有关黄石公的遗作流传较杂，据《隋书·经籍志》记载有六种，《宋史·艺文志》中载有五种，《文渊阁书目》、《菜竹堂书目》记载五种，《清抄本》有一种，《旧唐书·经籍志》记载有一种。以上有二十多种，可谓种类繁多，内容博杂。从行营布阵到阴谋奇计，从星相占卜到行兵攻战，无所不包。这些遗作都具有一定的学术价值，是我们伟大民族之古代智慧的一部分。

二、《黄石公素书》的基本思想

《素书》是以道家思想为宗旨，集儒、法、兵的思想发挥道的作用及功能，同时以道、德、仁、义、礼为立身治国的根本，揆度宇宙万物自然运化的理数，以此认识事物、对应事物、处理事物的智慧之作。

《老子》主张尚无为、法自然的思想，黄石公讲的潜居抱道，以待其时，即根据客观情况的发展变化而灵活应用。这种思想仍是"无为"、"自然"之意。老子对理民统众的指导思想是："处无为之事，行不言之教"。黄石公说："略己而责人者不治，释己而教人者逆，正己而化人者顺。"以上二者都认识到先求诸己的自我建立，是为理民统众的首要条件。老子对待下属的态度是："既以与人己愈有，既以与人己愈多，高以下为基，贵以贱为本。"黄石公对下属的戒慎是："薄施厚望、自厚薄人、贵而忘贱。"老子对事物变化的认识方法是："执古之道，以御今之有，能知古始，是谓道纪。"黄石公说："推古验今，所以不惑。"老子在横向交接上主张"柔弱"、"谦下"。黄石公主张的则是"恭俭谦约"、"近恕笃行"。老子的治国要领是："重积德则无不克，无不克则莫知其极，莫知其极，可以有国。"黄石公主张的是："德足以怀远"、"先莫先于修德"。所以黄石公在治国、统军、取众时首先对修身及自我要求特别严格，同时对其理家、理国的方略能高瞻远瞩。欲得齐家、治国、成就伟大的功业，须先绝禁自身的嗜欲，减损过恶，断绝酒色，远避嫌疑，使自身成为一个洁白无污的清廉者。其二，要博学切问，增广知见，高行微言，修身建德，使自身有高尚的德行，以恭俭谦约处人、亲人，亲近仁人，和正直的君子交友，斥责为非作歹及尚谗言的小人。不可轻上，戒于侮下。

对自己的立身要求，应是檝檝梗梗，坚定不移，孜孜淑淑，始终如一，戒慎笃行，忍辱好善，至诚体物，知足知止，精诚纯一，不苟得，不贪鄙，戒自恃与多私。

任才使能，要有充分的认识和了解。发号施令的原则是：存心与政令一致，不可后令谬前；对部下要宽宏大量，不能以过弃功；要恩厚待人，不可薄施厚望，不可贵而忘贱，不可凌下取胜，不可自厚薄人。

奖赏要慷慨，赏罚要分明，不可贪人之有，不可美谗仇谏。处世理国，要体道建德，审权变，察安危，追本溯源，观察现象，度测将来，防患于未然，戒祸于始萌，以此明辨盛衰之道，通晓成败之数，审辨治乱之势，或就或去而顺理。

《老子》论的是道之宏观整体，《素书》是将道的整体与作用及表现形式（夫道、德、仁、义、礼五者一体也）统为一贯，集为一体，同时《素书》有因时势而应变的特点。《素书》不仅是一部修身处事的格言集，而且是一部治国统军的政论书。

《素书》以道、德、仁、义、礼五者的关系，将宇宙万物，从宏观到微观，从纵向到横向以整体认识论述。

宏观整体性：宇宙的整体即"道"及其功能，是无所不生，无所不成，称"德"。"德"的表现形式是长养恩泽，故称"仁"。它的运化规律是"高者抑之，下者举之，有余者损之，不足者补之"，使事物各得其宜，故称"义"。"天尊地卑，乾坤定矣"，上下有序，故称"礼"。此为宏观的整体性。

微观整体性：宇宙间的一事一物，在自身整体上，仍是道、德、仁、义、礼五者的一体关系。无论某一种事物，成形之后，就有它的总体存在——"道"；有了体就有了它的作用——"德"；有了作用，就有了作用的表现形式——"仁"；有了表现形式，必会使得它等量合宜，此即"义"；物体的上下、前后、左右之序谓之"礼"。为了使人们明确地了解这一道理，现用一张床铺作例。床铺整体就称"道"，床铺能供人寝卧，这是它的作用，称为"德"。"德"的表现形式，就是供人寝卧养息，此称"仁"；床铺必须放在适当的地方，放端、搁平、垫稳，破旧时给予修理，此为"义"；床铺的上下、前后、左右是它的自然之序，此称"礼"。

从一个人来讲，人身的全体是"道"，人的作用称"德"。"德"的形式，是有利于社会，有益于他人，造福人类，这种表现形式称作"仁"。符合这种表现形式，以赏励而倡扬，不符合这种表现形式，危国害民，无益于社会，以贬罚而制裁，此称为"义"。自我立身，有上下、前后、左右之序，这种自然之序称为"礼"。人如失了"礼"，就像一个物体，已经破烂，本末倒置。老子曰："失道而后德，失德而后仁，失仁而后义，失义而后礼。失礼者忠信之薄，而乱之首。"将此意借一个物体作例，意即：失去了它的主体（道），再讲它的作用（德），失去了作用（德），再去讲它的表现形式（仁），必然就要修整，使之适当合宜（义），如失去了它的合宜（义），此时已经出现主体破散，无法修整，作用与表现形式随之全无，上下颠倒，本末错乱。此时这种物体等于全部沦没毁坏。

纵向的整体性：人类演化的过程，仍自然呈现出道、德、仁、义、礼这五个层次。自有人类以来，应有"皇道"、"帝道"、"王道"、"霸道"等治理方式。"皇道"是体"道"而治；"帝道"是法"德"而感物；"王道"是布"仁"而施化；"霸道"用"义礼"而裁制。从人类的自然衍化来说，由治到乱，由成到毁，这几个阶段是自然形成的。

横向整体性：宇宙之间的万事万物，是互为交错、相辅相成的关系，亦是以道、德、仁、义、礼此五者互为一体的关系。从朝政讲，一个国政的整体就是"道"。朝政的作用就是理民，故称"德"。它的治理方式是与万民有益的利，故称"仁"。赏善罚恶，故称"义"。君臣之间的上下之序称"礼"。除此以外，人类一形成团体之后，无论彼此、左右之交，就是一个很大的家庭，均有它的主体——"道"，作用——"德"，表现形式——"仁"，相互适宜——"义"，长幼之序——"礼"。这五个互为一体的整体关系是存在的。

《素书》章次排列的整体性：本书共分六章，除第一章论述全书概意外，由第二章到第六章这五章的顺序排列仍以道、德、仁、义、礼此五者为一体。各章内的节亦是以此五者为一体而相应。

第一章开首提示："夫道、德、仁、义、礼五者一体也。"接着进而阐发此五者与事物的关系，认为事物在发展变化中，盛衰有道，成败有数，治乱有势，去就有理。

第二章起首以"德足以怀远"一义揭示"道"的整体性，

由"德"的表现中可体现证实它的功能。从整体讲，"道"是事物起首，故本章开头由"德"的表现中先证实"道"，故以"正道"为章名。

第三章是说欲想成就伟大的功业，就须得其人，欲得其人，必先求人之志，求人之志的标准是"德"，"德"是人身应有的作用。此章通篇围绕着"德"，列举了十八条求人之志的准则。

第四章是说，既得了人，就必须以德为本，以道为宗，成就功业必须以德为根本，以道为纲领。"道"与"德"的表现形式是"仁"。"仁"的验证是造福于人类，利物利人，有益于社会。本章围绕着"仁"举出了十五个条目。

第五章是造福人类，利人利物，有益于社会，不但宜物宜人，而且更宜于自己立身。赏善罚恶，使事物得到适宜者，是"义"之所在。粪土虽臭，但能助禾苗生长；泉水虽洁，若流于路面床铺者，人亦会厌。置粪土于田园，供泉水以饮食，不但能使物之本身得宜，而且用途恰当。本章中心是论"义"，故以"遵义"为章名。

第六章是说：事物的成败、盛衰各有因由亦有理，必须依理而安之，故以"安礼"为章名。

三、《素书》思想与儒家伦理规范

儒家的《诗》《书》《礼》《乐》《春秋》，无不以道、德、仁、义、礼为中心来作为修齐治平的原则。《周易》虽设卦象，论卦辞与爻辞，仍以此五者畅述卦理及爻义。如《周易·乾卦》中说："夫大人者，与天地合其德，与日月合其明，与四时合其序，与鬼神合其吉凶，先天而天弗违，后天而奉天时。天且弗违，而况于人乎？况于鬼神乎？"意即：大丈夫立身处事，体天道，法地德，与日月的光明相等，行为与四时一样的井然有序。

又如《文言传》说："元者，善之长也；亨者，嘉之会也；利者，义之和也；贞者，事之干也。君子体仁，足以长人；嘉会，足以合体；利物，足以合义；贞固，足以干事。君子体此四德者，曰：'乾，元亨利贞。'"儒家的四书，几乎章章句句，尽述此理。《论语·为政》说："为政以德，譬如北辰居其所而众星拱之……道之以德，齐之以礼，有耻且格。"《大学》说："大学之道，在明明德，在亲民，在止于至善。"《中庸》云："天命之谓性，率性之谓道，修道之谓教。道也者，不可须臾离也，可离非道也……故为政在人，取人以身，修身以道，修道以仁。仁者，人也，亲亲为大；义者，宜也，尊贤为大。"皆以此五者为主旨。

太公《六韬》和《黄石公三略》虽然是论用兵之韬略，但突出的还是道德仁义礼。《六韬·文韬·文师》曰："天下人非一人之天下，乃天下之天下也。同天下之利者，则得天下，擅天下之利者，则失天下。天有时，地有财。能与人共之者，仁也。仁之所在，天下归之。免人之死，解人之难，救人之患，济人之急者，德也。德之所在，天下归之。与人同忧、同乐、同好、同恶者，义也。义之所在，天下赴之，凡人恶死而乐生，好德而归利，能生利者道也。道之所在，天下归之。"又曰："义胜欲则昌，欲胜义则亡……"《上略》曰："夫主将之法，务揽英雄之心，赏禄有功，通志于众，故与众同好，靡不成，与众同恶，靡不倾，治国安家，得人也；亡国亡家，失人也，含气之类，咸原得其志。"

《黄石公三略·中略》云："主，不可以无德，无德则臣叛。不可以无威，无威则失权。臣不可以无德，无德无以事君。不可以无威，无威则国弱，威多则身蹶。"《黄石公三略·下略》曰："求贤以德，致圣以道……故有德之君，以乐乐人。无德之君，以乐乐身。乐人者，久而长。乐身者，不久而亡。"

由此可证，体道立德，怀仁行义，履礼，与万民同好恶、共忧乐，是为最根本的理身、理家、理国之道，亦是中国最文明、最正确、最稳妥、最可靠的传统规范。把华夏炎黄这一举世闻名的优良传统，说成是历代帝王统治人民的阴谋诡计，是不妥当的。

孟子曰："三代之得天下以仁，其失其天下以不仁。国之所以废兴存亡者亦然。天子不仁，不保四海。诸侯不仁，不保社稷。卿大夫不仁，不保宗庙；士庶人不仁，不保四体。今恶死亡而乐不仁，是犹恶醉而强酒。"孟子讲的这个"仁"，正是大道的表现。

由此可见，自古迄今，历世国朝，体此道、德、仁、义、礼五者，则兴、则盛，失此五者，则衰、则败。就是一个人的立身处事也是这样。有道则存，失道则亡；全德则成，缺德则毁；怀仁则久，不仁则短；行义则聚，负义则散；循礼则安，背礼则危。这是事物发展变化的自然规律。三界十方，万类生灵，概莫能外。

道家与儒家的关系，是宇宙整体与人类的关系。道家讲的是宇宙整体，而儒家是将宇宙整体的"道"缩集于人类。宇宙的自然理数以及理数演化的过程，与宇宙之间的每一事物，不论大小、多少、高低、贵贱、飞潜动植、事事物物，无时无处皆混为一体，暗通神明的造化之机，关注于物质现象。宇宙的自然理数以及理数的演化程序，在人类就是人伦规范。人伦规范的形式就是仁、义、礼。因此，道和儒家思想统为一体。《素书》既讲了宇宙整体，又论了人伦规范。《老子》重的是本体，《素书》论的是"道"的功能与作用，但侧重于入世的治国理民之道。

《黄石公素书》与《黄石公三略》

《三略》多引"军识"的用兵之法来阐述自己的思想。此外，《三略》中杂有《素书·原始章》的内容。《素书》的文体虽是散文，但结构严谨，前后排比，上下对仗，字句锤锻，言简意赅。

　　《三略》与《素书》的内容不一样。《三略》虽也论政，但主要讲的是任贤擒敌、驭将统众、强兵战胜之术。《素书》始讲明盛衰之道，通成败之数，审治乱之势，终则兼修身、齐家、治国之道。《三略》重"略"，《素书》"韬"、"略"兼备。"略"是指策略，"韬"是指事物动机的前因内涵。换句话说，"略"是指计谋，"韬"是指事物的本质内涵。如《素书》第二章所说"德足以怀远"云云，意即，使人心悦诚服的动机，是韬含在"德足"之中。既此，欲想要求人们悦服，必须有德，不然，适得其反，致使人憎之恨之，其结果事与愿违。

《黄石公素书》 原文

原始章第一

夫道德仁义礼，五者一体也。道者，人之所蹈，使万物不知其所由；德者，人之所得，使万物各得其所欲；仁者，人之所亲，有慈惠恻隐之心，以遂其生成；义者，人之所宜，赏善罚恶，以立功立事；礼者，人之所履，夙兴夜寐，以成人伦之序。夫欲为人之本，不可无一焉。

贤人君子，明乎盛衰之道，通乎成败之数，审乎治乱之势，达乎去就之理。故潜居抱道，以待其时。若时至而行，则能极人臣之位；得机而动，则能成绝代之功。如其不遇，没身而已。是以其道足高，而名垂于后代。

正道章第二

德足以怀远，信足以一异，义足以得众，才足以鉴古，明足以照下，此人之俊也；

行足以为仪表，智足以决嫌疑，信可以使守约，廉可以使分财，此人之豪也；

守职而不废，处义而不回，见嫌而不苟免，见利而不苟得，此人之杰也。

求人之志章第三

绝嗜禁欲，所以除累；抑非损恶，所以禳过；贬酒阙色，所以无污；避嫌远疑，所以不误；博学切问，所以广知；高行微言，所以修身；恭俭谦约，所以自守；深计远虑，所以不穷；亲

《黄石公素书》 原文

仁友直，所以扶颠；近恕笃行，所以接人；任材使能，所以济务；瘅恶斥谗，所以止乱；推古验今，所以不惑；先揆后度，所以应卒；设变致权，所以解结；括囊顺会，所以无咎；橛橛梗梗，所以立功；孜孜淑淑，所以保终。

本德宗道章第四

夫志心笃行之术；长莫长于博谋；安莫安于忍辱；先莫先于修德；乐莫乐于好善；神莫神于至诚；明莫明于体物；吉莫吉于知足；苦莫苦于多愿；悲莫悲于精散；病莫病于无常；短莫短于苟得；幽莫幽于贪鄙；孤莫孤于自恃；危莫危于任疑；败莫败于多私。

遵义章第五

以明示下者暗；有过不知者蔽；迷而不返者惑；以言取怨者祸；令与心乖者废；后令谬前者毁；怒而无威者犯；好众辱人者殃；戮辱所任者危；慢其所敬者凶；貌合心离者孤；亲谗远忠者亡；近色远贤者昏；

女谒公行者乱；私人以官者浮；凌人取胜者侵；名不胜实者耗；略己而责人者不治；自厚而薄人者弃；

以过弃功者殃；群下外异者沦；既用不任者疏；行赏吝啬者沮；多许少与者怨；既迎而拒者乖；薄施厚望者不报；贵而忘贱者不久；念旧恶弃新功者凶；用人不得正者殆；强用人者不畜；为人择官者乱；

失其所强者弱；决策于不仁者险；阴计外泄者败；厚敛薄施者凋；战士贫、游士富者衰；货赂公行者昧；闻善忽略；记过不忘者暴；

所任不可信，所信不可任者浊；牧人以德者集；绳人以刑者散；小功不赏则大功不立；小怨不赦则大怨必生；赏不服人，罚不甘心者叛；赏及无功，罚及无罪者酷；听谗而美，闻谏而仇者亡；能有其有者安；贪人之有者残。

安礼章第六

怨在不舍小过，患在不预定谋；福在积善，祸在积恶；饥在贱农，寒在惰织；安在得人，危在失事；富在迎来，贫在弃时。上无常操，下多疑心；轻上生罪，侮下无亲；近臣不重，远臣轻之；自疑不信人，自信不疑人；枉士无正友，曲上无直下；危国无贤人，乱政无善人；爱人深者，求贤急，乐得贤者，养人厚；国将霸者士皆归，邦将亡者贤先避；地薄者大物不产，水浅者大鱼不游；树秃者大禽不栖，林疏者大兽不居。山峭者崩，泽满者溢。弃玉取石者盲，羊质虎皮者辱。衣不举领者倒，走不视地者颠。柱弱者屋坏，辅弱者国倾。足寒伤心，人怨伤国。山将崩者，下先隳；国将衰者，民先弊。根枯枝朽，人困国残。与覆车同轨者倾，与亡国同事者灭。见已生者慎将生，恶其迹者须避之。畏危者安，畏亡者存。夫人之所行，有道则吉，无道则凶。吉者百福所归，凶者百祸所攻。非其神圣，自然所钟。务善策者无恶事，无远虑者有近忧。

同志相得，同仁相爱，同恶相党，同爱相求，同美相妒，同智相谋，同贵相害，同利相忌，同声相应，同气相感，同类相依，同义相亲，同难相济，同道相成，同艺相规，同巧相胜。此乃数之所得，不可与理违。释己而教人者逆，正己而化人者顺。逆者难从，顺者易行。难从则乱，易行则理。详体而行，理身、理家、理国可也。

《黄石公素书》释义

原始章第一

原始章是本书总纲，主旨是阐发世道盛衰之起因，治乱之原由。故以"原始"标作章名。全章分为两节：

第一节起首提示："道德仁义礼，五者一体也。"天下万物皆由道而生，故天地万物无一不体现着道。即道的体用及表现形式万物都具备。人为万物之灵，所以人身的作用及表现形式，更应合乎道。人类社会的盛衰兴亡，治乱变迁，皆由人定。人若体之于道，用之于德，表现于仁义礼，则盛、则成、则治。如果背离了道，自然就失去人的作用（德）。人失去人应有的作用（德），则不会有仁义礼的表现形式。这正是导致世道衰败的前因。因此说："夫欲为人之本者，不可无一焉。"（道德仁义礼）

第二节说的是明晰事理的贤人君子，以道德仁义礼五者的得失，作为审辨世道变迁的准则，故怀器在身，潜居待时。此五者昌行，是好时，是良机，赴而就之，必可大展雄才，辅国安民，成就伟大业绩。此五者若衰丧，则是失时，只可隐没其身，保全性命而已。

夫道德仁义礼，五者一体也。

【释义】

道德仁义礼五者总而论之，相似根杆与枝叶的关系。

道德为根杆，仁义礼是枝叶。无论根杆与枝叶，总为一体。分而论之，如同母与子的派生关系。道德为母，仁义礼为子。从整体而论，此五者的关系，犹如车马的整体作用及动态表现形式一样。道是车马的整体，德是车马引重致远的作用，仁义礼则指规范的驾驭方式、理想的运动环境。单就人伦规范方面讲，道德是人的内在本质，而仁义礼是外在的表现形式。如人有实质的道德存在于内心，形体的言谈举止自然就有仁义礼的表现形式。儒云："诚于中而形于外。"正是此意。

道者，人之所蹈①，使万物不知其所由；

【注解】

①蹈：践行，实行。

【释义】

从宏观方面讲，万物皆在宇宙整体中生存，无论一言谈、一动作，无不举步践行着"道"，实行着"道"。所以，道与物的关系，如同水与波的关系，水即波，波即水，水波一体。道即物，物即道，道物不二。

从微观方面讲，道在人身则为元气，元气足则神旺，神旺则百骸健。道在事则为理，理周则事顺，事顺则业昌。道在器物则为朴，朴实则器物全，物全则作用强。道在人类则为人伦规范，符合此规范，则家齐国治，社会稳定，而社会稳定，则天下太平。

群生是依赖着"道"，但因各物所禀受的气质不同，故物不能得道之大全，尽道之全体，故曰："使万物不知其所由。"

德者，人之所得，使万物各得其所欲①；

【注解】

①欲：遂物、顺理、将要、应该的意思

【释义】

万物非道不立，道非物无处体现。道生万物之后，道又内含于万物之内，物得道者，方可成物。故曰："德者物之所得。"

老子曰："天得一以清，地得一以宁，谷得一以盈，神得一以灵，万物得一以生，侯王得一以为天下正。"得朴气而生者，其性稳固而坚定，随其形而成山石。得动气而生者，其性轻浮而躁动，随其形而飞荡。得灵气而生者，其性善思而多变，随其形而成人。道在"降本流末而生万物"的过程中，无不禀得此性，顺应其理，随之而各成其形。故曰："使万物各得其所欲。"

仁者，人之所亲，有慈惠①恻隐②之心，以遂其生成；

【注解】

①慈惠：博爱，恩惠。

②恻隐：真诚，悲痛，同情，怜悯。

【释义】

道的体性是虚无自然，清静无为，其作用为德。德的表现形式是不分贤愚、利害、尊卑、贵贱，应化无方，周遍无遗。相似日月无所不照，如同雨露无所不润，体现于人则为"仁"。"仁"的表现是慈爱忧惠、真诚自然、恭俭谦让。应对事物则为宽宏忠恕、怜悯体恤、忧伤慈悲、遂物顺理，无一物不获其生，无一事不获其成。

义者，人之所宜①，赏善罚恶，以立功立事；

【注解】

①宜：适宜。

【释义】

天地万物均在自然相合的适宜之中生生化化。现以朝政论之，君主心正意诚，臣子忠贞清廉，均应以此为宜。若此，国纲必振，万民必理，百业兴旺，四海必服。再以家道论之，父母应以慈爱抚育，子孙应以孝敬赡养，兄应以悌，弟应以敬，夫应以倡，妇应以随。如此，则六亲必合而家道齐。凡事皆然。理顺则事宜，理不顺则事逆，事逆则乱，乱则不安，不安则废。

顺事物之理者为善，表彰而赏；逆事物之理者为恶，决断而罚。故朝政有法，家庭有规，行军有律，工匠自有规矩。欲使物物各得其宜，各顺其理，建立功绩，成就事业，必依"义"以处之。

礼者，人之所履，夙①兴夜寐，以成人伦之序。

【注解】

①夙：早，朝。

【释义】

宇宙生成之后，就自然出现天尊地卑的高下之序，然则天地之间的万物生成群体之后，亦会自然出现尊卑有等、长幼有序、男女有别的自然之序。这些秩序是自然的、非人为的。故庄子曰："宗庙尚亲，朝庭尚尊，乡党尚齿，行事尚贤，大道之序也。"《论语》亦说："非礼勿视，非礼勿听，非礼勿言，非礼勿动。"由此可证，"礼"是人伦的自然之序，无论清晨的起床，夜晚的寝寐，均须履践遵循而不可失其常。

夫欲为人之本，不可无一焉。

【释义】

从整体本质上讲，只求内在的道与德，就可代替外在的仁义礼之表现形式。

从作用表现上讲，道德仁义礼五者均须具备而不可缺一。

老子曰："道大、天大、地大、王亦大，域中有四大，而王居其一焉。""王"是万民之首，故以王代人。人的本质及表现形式亦合于道。故《论语》中说："君子务本，本立而道生……"既此，人应内心忠诚，体于道，怀于德，应之以仁，处之以礼。

贤人君子，明乎盛衰之道，通乎成败之数，审乎治乱之势，达乎去就之理。

【释义】

有形有象的事物，在自然之道的运化之中，自有生杀之机。故盛衰循环，成败交递，治乱往复，其中有道、有数、有理。天理昭昭，不差毫厘。体之以道德，行之以仁义，践之以礼者，是盛之机、成之象、治之兆。离道德、背仁义、逆礼仪者，是衰之征、败之因、乱之始。故明晓事理的贤人君子必依道德仁义礼五者的得失，作为明辨盛衰、通晓成败、审察治乱的准则。若此五者失，则避而去之，五者备，则趋而就之。

故潜居抱道，以待其时。若时至而行，则能极人臣之位；得机而动，则能成绝代之功。

【释义】

是故贤人君子审时度势，不苟安，不妄为，怀器隐居，以待其时机，犹如农夫耕作，伺节气，不失时，逢时令，不失机。如此不但能尽其辅国安民的人臣职责，而且能成就绝代伟大之功绩。故《周易·下传》中说："公用射隼于高墉，获之后无不利。"子曰："隼者，禽也，弓矢射之者，人也。君子藏器于身，待时而动，何不利之有？"喻君子有利器藏于身，等待有利的时机方才行动，出猎必定有获。

如其不遇，没身而已。

【释义】

贤人君子，怀器于身，若时不至，机不到，只能隐没自身，只求保全生命而已。故《庄子·人世间》中说："孔子适楚，楚狂人接舆游其门曰：'凤兮，凤兮，何如德之衰世，来世不可待，往世不可追也。天下有道，圣人成焉；天下无道，圣人生焉，方今之时仅免刑焉。'"他是说，孔子到楚国去，楚国狂人接舆到孔子的门上说：凤啊，凤啊，你的德行怎么这样衰败！未来的世道不可等待，已往的世道不可追回。天下有道的时候，圣人可以成就事业；天下无道的时候，圣人仅仅保全生命就行了。尤其在当今的世道，应求避免遭受刑罚。

是以其道足高，而名垂于后代。

【释义】

以此行于万物，而功绩伟大，道德足高，随之不但名显当时，而且功垂后世，子孙祭祀不辍。

正道章第二

正道章，"正"即证也。证自然之道的作用及功能，故以"正道"为章名。

此章主旨，是阐发自然之道的作用及功能。本章共分三段，第一段是以出乎其类、拔乎其萃——"俊"的德行才质来证明大道的体性。第二段是以坚强刚毅、人中殊甚——"豪"的仪表、清廉来证实大道的作用。第三段是以特出卓越、刚毅坚贞——"杰"的浩然正气来证明大道的功能。

德①足以怀远，

【注解】

①德：能体现自然之道整体作用的谓之"德"。

【释义】

德行充实于内心的人，道的作用及人的精神似电波一样，流露发射于宇宙之中，他的神气力量在无形中吸引着万物，故使人内怀喜悦之心，近者归，远者服。正如老子所说："善结，无绳约而不可解。"

《庄子·德充符》中有这样的一个故事：卫国有一个德行好而面容丑陋的人，名叫哀骀它。男子和他相处，不想离开，女子见了他，宁愿给他当偏妾，不肯给别人作正妻。他一无权势地位，二无钱财，三无超人才能，然而人们都愿依附他，亲近他。这正是本书中所说的"德足以怀远"。又如《尚书·大禹谟》中记载：舜让位于禹时，有苗国不愿顺从，舜让禹以兵力征讨，有一个名叫益的大臣劝说："唯德动天，无远弗届，满招损，谦受益，时乃天道。"于是舜班师回朝，增修其德，七旬之后，苗国自来朝贡。

信①足以一②异③，

【注解】

① 信：诚实。

②一：综合，统一。

③异：不同。

【释义】

天地之间，品物万类，各因所禀，各据特性，巧拙贤愚，强弱刚柔，飞潜动植，胎卵湿化，金木水火。男女雄雌，三教九流，士农工商，异类同载于统一的大化之中。因物物禀赋不同，所以趋去背向有异，爱恶取舍有殊，以致"方以类聚，物以群分"。然则用何方法使这种千般异类达到综合统一呢？以奸诈虚伪笼络，是为苟得，待识破之后，仍会分离。以诡怪奇计来诳骗，是为苟安，物必以此还报于我。既此，用奸诈诡计综合异类，不可济事。故必以诚实（信），可使群体统一，互为生息，相安协调。何以知其然也？金木水火四类物体，它们的性质与现象，不但截然不同，而且各据特性而相克。唯独宽广、忠厚、诚实、稳固的土（大地）能使四类综合而统一。木非土不长，金无土不生，火离土不燃，水背土泛滥。因此，人应取法土的诚实稳固之德，对事物应以宽宏、忠厚对待之。表里如一，言行一致，方可取信于民，统一异类。

义足以得众，

处事接物，应无一事而不顺其理，无一物而不得其宜。愈是如此，必愈足以服众。

才①足以鉴古②，

【注解】

①才：贤能，才干。

②鉴古：评定。

【释义】

禀赋先天正气之厚者，后天的才智肯定强足，智慧敏捷。这种人能通晓事物之间的情理，更可识别往昔之所事，鉴定古人之所为。例如，文王以识辨八卦易象之数，故为卦爻作辞以告吉凶。孔子能理解先圣修齐治平之道，纂六经垂训后世，盖因禀赋之厚，才智强足所致。

明①足以照下，

【注解】

①明：光明。

【释义】

自然之道的体性是"湛然常寂"，清澈透明。泰山虽大，尽照其表；秋毫虽小，咸察其里。人禀道的这种体性，则心境圆明，虚白朗曜，无处不照，无所不烛。常人因七情六欲、私心虑念过甚，障蔽了自性，致使空白的心地一团漆黑，不能自明。因此，人应遣除私欲，驱逐情妄。庄子曰："虚室生白，吉祥止之。"如此，先天性体，自然充足，犹如日月高悬，万国九州，尽照无遗。善恶是非，全览无漏。

君子如能体此性，则心正意诚，能明察下臣之忠奸；臣子如体此性，则心地清廉，可辨万民之是非。

此人之俊①也；

【注解】

①俊：才智超群，出类拔萃。

【释义】

在人群中，德才兼备，信义充足，能出类拔萃的人，称之为"俊"。因此，欲为人类的俊者，则必须具备德性纯全、信义实足、才智超群等条件。

行①足以为仪表②，

【注解】

①行：行为，表现。
②仪表：容貌、姿态、标准、楷模。

【释义】

行为端庄、肃穆、威严，如此则能给人们在做人上作楷模与典范，在行事上作标准与师表。故《诗》曰："穆穆文王，于辑熙敬止。"又云："桃之夭夭（盖盛），其叶蓁蓁（美盛），之子于归，宜其家人。"《论语》云："其仪不忒，正是四国，其为父母兄弟足法，而后民法之也。"以上均是描述道盛德善的君子，言行举止的肃穆庄严，使人们慕悦而足可取法的"仪表"。

智足以决嫌疑①，

【注解】

①嫌疑：疑惑。

心地迷惘，知见窄浅，遇事必然疑惑，心念踟蹰，优柔不决。只有天性敏捷，见多识广者，逢事才能决然果断，析疑解惑。

信可以使守约^①，

【注解】

①约：事先约定、共同遵守的盟约。

【释义】

内怀忠贞，诚实无妄，那么在彼此交接事物的过程中，在遇到任何艰难困苦的情况下，可以坚守事先商定的盟约。

廉^①可以使分财，

【注解】

①廉：廉洁。

【释义】

清白廉洁，不沾不污，心地公平，无私无偏，如此则处事必公，分财必均。

此人之豪^①也；

【注解】

①豪：才高智广，人中殊甚者称豪。

【释义】

"豪"的条件是：庄敬言行，有足以为人们取法的"仪表"，博学智广，遇事而能明断是非，诚实无妄，与物交接能坚守盟约，处事公正。

守职①而不废②，

【注解】

①职：职责、职位。

②废：背离、抛弃。

【释义】

身负关乎国家安危的职责，应当逢艰险而不逃离，临大难能坚守。如守关之将，临杀身之险而不离职，此之类也。

处义而不回，

【释义】

内心忠贞，坚守理义，于生死关头，却仍不改初衷。桃园结义，关云长宁死于土山而不肯投曹，此之类也。

见嫌①而不苟免，

【注解】

①嫌：疑忌。

【释义】

被人猜疑不急于为自己辩解避嫌。

见利而不苟得，

【释义】

君子爱财，取之有道。

不道不德、不仁不义而得者，均为饮鸩止渴、割脯救饥，苟得一时片刻而已。故才智卓越的人，见利必察其可否，不会唯利是图、见利忘义。

此人之杰①也。

【注解】

①杰：特殊而卓越。

【释义】

坚贞、刚毅、公正、浩然、不苟免、不苟得，以此超出众人之上者为"杰"。其条件是，艰难而仍然不废其职，迫生死而能恪守其义，不苟且于非理，不苟得于非义。

求人之志章第三

"求人之志章"：求者，是觅求、寻找之意。其主旨是说欲成大业，需得其人，要得其人，先知其志向，故以"求人之志"为章名。

本章共列一十八条，总归八个方面。也就是将这八个方面作为"求人之志"的标准。"求人之志"的八个标准是：

一、清白无污、公正无私的廉洁。

二、知多见广、修身建德的博学。

三、善于用人、任材使能的胸怀。

四、通权达变、足智多谋的才智。

五、藏器于身、谨言慎行的耐心。

六、坚定不移、刚直宏大的魄力。

七、自强不息、勤劳不倦的精神。

八、温柔谦和、恭俭退让的品德。

"志不可以妄求，求必有所依"。本章所举的一十八条，正是"求人之志"的标准。

绝嗜①禁欲，所以除累②；

【注解】

①嗜：过分的贪求与爱好。

②累：烦赘，苦恼。

【释义】

重于外者拙于内，本来的天性，自然圆明，无私无挂，何累之有？只因后天的情欲逞狂，占据了先天性体的阵地，喧宾夺主，以致"烦劳妄想，犹苦神心"，劳劳碌碌，疲惫苦累。要得解脱此累，必须断绝七情（喜、怒、哀、乐、悲、恐、惊），遣除六欲，让本来圆明的性体复返其真。

抑①非损恶，所以禳过②；

【注解】

①抑：压抑。

②过：错妄，罪过。

【释义】

"积善之家，必有余庆，积恶之家，必有余殃。"既知"祸福无门，唯人自招"，欲免自身罪咎，必压抑往昔放辟邪侈的非理之为，减损当日妨国害民的不义之恶。如此，天将佑之，民将助之，罪过不禳而自消，祸患不祷而自免。

贬①酒阙②色，所以无污③；

【注解】

①贬：抵制。

②阙：缺，空。

③污：垢。

【释义】

酒能乱人之心性，色能污人之身行。性乱神昏，则放荡不羁；身染污垢，则众人厌弃。故少喝酒，少刺激，心神才能清明无垢；减少色欲，人的身行才能纯洁无污。

避嫌远疑，所以不误①；

【注解】

①误：误讹，谬误。

【释义】

早离不正不当的坏事，远避不明不白的疑忌，在处事做人上，可免除差错和谬误。

是非之地，避而不往，免人猜疑。如瓜田李下等处即是。当然，如果已经被人猜疑也应泰然处之，"见嫌而不苟免"。

博①学切②问，所以广知；

【注解】

①博：多闻，丰富。
②切：贴近，切合。

【释义】

天地之间，有无穷无尽的事物，随之各有无穷无尽的妙用。欲晓其精微，不离多闻、多见、多学、多问。以此才能扩大自己的知识面。

高行①微言，所以修身；

【注解】

①高行：即高尚的操行。

【释义】

何为"微言"？即低调、少语、不狂不妄、端方正直、清廉高洁、缜密慎独、不吹不擂。故老子曰："尊行可以加人。"既此，言无狂妄，行贵真诚，以此严其操行，是为修身之要领。

恭俭谦约，所以自守；

【释义】

在人事应对上能庄严恭敬，在事业上能勤奋俭朴，在处事上能虚心谦让，在用财上能省略节约。以此修身，则能长载久安；以此守家，则家道和睦永宁；以此守业，则事业稳妥顺利。

深计[1]远虑，所以不穷[2]；

【注解】

①计：策略。

②穷：竭尽。

【释义】

谋事要有方法和策略，但还要看用的方法和策略是全面，还是只顾一隅，是否能长期有效，还是侥幸一时。既此，谋事不但要有策略，而且还须深谋远虑，如此才能使之周遍永恒，极无穷尽。

亲仁友直，所以扶颠[1]；

【注解】

①颠：倒垮，败，颓。

【释义】

常和仁义君子亲近，再与正直贤良者交友。如此，不但能引导做人，亦可挽救以往的失败。孟子能成圣者，与孟母择邻不无关系。

近恕[1]笃[2]行，所以接人；

【注解】

①恕：宽恕，以己推人。

②笃：厚实，真诚，纯一。

【释义】

常以宽容饶人，再以己之心推人之心，在行为上真诚不妄，宽实纯朴。如此，则人人可以接近。

任材使能，所以济务；

【释义】

德才兼备的人，本来就有通权达变的本领，遇事能应变处理，所以只能给他委任职责，不可随意支使。如随意支使，就失去了他本人的主体作用。

有能力的人，有所长，也有所短，所以要根据他的所长任用他。

瘅①恶斥谗②，所以止乱；

【注解】

①瘅：憎恨。

②谗：说人坏话。

【释义】

不道不德、不仁不义、妨国害民的行为，称为恶。说人坏话、奸人之私、离人骨肉、拨弄是非、破人和气的言论，属"谗言"。天下的不宁、民间的混乱不安，多因是非颠倒、黑白混淆之所然。欲得天下太平、国家大治、人民安乐，就必须把恶人恶事当做病态一样地去憎恨和痛击，还要驱除不务真诚、专尚谗言的人。

推古验今，所以不惑；

【释义】

古往今来，时光有变，事理有异。古有成功者，亦有失败者。

尧舜以仁政理天下，以德感万民，四海宾服，天下宁静。桀纣贪淫无道，涂炭生灵，诸侯反叛，身丧国亡。既此，欲知成败之果，推古人之变迹，可验当今之存亡，知古以鉴今，这样做人理事方可不惑而有方。

失揆①后度②，所以应卒；

【注解】

①揆：揣测。

②度：尺码，度量。

【释义】

首先揣测事物的深浅、轻重，然后度量事物的长短、远近，揆其得失，度其可否，以此作为准则，以一事之长短，可以揆度万事之得失。审时度势，胜券在握。

设变①致权②，所以解结；

【注解】

①变：反映事物转化、变化、变态等。

②权：衡量、谋划。

【释义】

事物有正常不可变的义理、法则和原则，但仍要设想到事物因时之变而偶然需要的变化，再加上权衡而谋划。如此，则能解释事物的死板与纠结。如一年有寒热冬夏的气候变化，再以四时八节、二十四气的节度权衡轻重，就不至于死结寒热之中。

括^①囊^②顺会，所以无咎^③；

【注解】

　　①括：收、扎。

　　②囊：口袋。

　　③咎：灾祸。

【释义】

　　在时势危险、社风不正、民俗昏乱的情况下，应当谨言慎行，举止顺应着大局，这样才能免罹祸殃。

　　《周易·坤卦》云："括囊，无咎，无誉。"意即：六四爻在上卦之下，下卦之上而不得中。象征着正人君子虽然品行端正，但不得中。况且阴柔过甚，靠近君主的臣位是危险的地方。在此情况下，只得将口袋扎紧，顺从而已，如此方可免除祸患。

橛橛^①梗梗^②，所以立功；

【注解】

　　①橛橛：根深蒂固。

　　②梗梗：强硬，挺直。

【释义】

　　有了脚踏实地、岿然不动，富贵不能淫其志、贫贱不能移其志的气概，有了梗然刚毅，逢难不能挠其心、遇险不能曲其志的魄力，必可成就事业，建立功勋。

孜孜^①淑淑^②，所以保终。

【注解】

①孜孜：勤勉不息。

②淑淑：温雅善良。

【释义】

自强不息，勤恳不倦，温雅善良，恭俭谦让，可以善终如始。

本德宗道章第四

此章认为：欲成就伟大的事业，就必须以德为根本，以道为宗旨。故以"本德宗道"为章名。

全章大意，是将"本德宗道"、志心笃行的妙术分为应当争取和保持的技艺以及需要预防和戒备的方略两大类，详列了十五个条目。建功立业时应当保持：善优、安全、先前、愉乐、神妙、明辨、吉祥。

欲保持应当争取的笃行之术是：丰富谋略，忍受耻辱，修身建德，乐施好善，真诚无妄，躬身体物，知足知止。应当预防的是：苦累、悲伤、病患、短暂、幽暗、孤独、危险、败丧。欲防止上列各点，必要的戒备之处是：贪想多愿、散失精诚、操持无常、不义苟得、贪鄙作伪、矜夸自恃、不明任疑、偏袒多私。

夫志心笃①行之术②：

【注解】

①笃：真诚，纯一。

②术：技艺，妙道。

【释义】

专心致志、真诚实行的技艺与妙道是：

长①莫长于博谋；

【注解】

①长：善，优，尊高，首位。

渊博的知见、丰富的谋略，是为致善致优。例如姜尚胸怀"六韬"之谋略，故在群雄各显神通中，能除暴安良，独占魁首，又能荣得天子称相父之尊高，盖因"博谋"而获优。

安莫安于忍①辱；

【注解】

①忍：心字上一刀字，是遏止、克制、降伏之意，又是忍耐、忍心的意思。

【释义】

在时机不顺、运气不佳、遭受耻辱的情况下，能忍耐耻辱，才能远害安身。如越王勾践能忍受吴国的耻辱，方免夫差之害，转危为安。故老子曰："胜人者有力，自胜者强。"尤其是在时机不顺、运气不佳、遭受耻辱的情况下，不可怒上心头，而应退忍求安。

先莫先于修德；

【释义】

《大学》中说："自天子以至于庶民，一是皆以修身为本，其本乱而末治者否矣。"修身之本是修德。士农工商，虽行业有所不同，不能济其事。即使富有四海，贵为天子，缺德者仍难以常保。勇冠三军的盖世英雄，若无德者仍会遭败亡。治人事天，无德者，则天不应，人不顺。故老子曰："治人事天，莫若啬。夫唯啬，是谓早服，早服谓之重积德。重积德则无不克。"齐家治国平天下之道，仍将修身列在首位。人无德犹如物体失去了作用，必将解体分身。因此，无论三界十方，品物万类，咸以修德、自我建立，才是唯一的、最重要的。

乐莫乐于好善；

【释义】

何为"善"？凡顺天理，不背人伦，而能宜事物之情，顺事物之理的行为，就称为善。行善的具体表现是：救急难，恤孤贫，矜拔困，和解冤仇。一切利人利物的善事如一贯奉行，则老者爱，少者敬。事事无愧于心，则时时心安理得，不怕官府抓，不怕强人害。前无忧，后无患，心宽体胖，逍遥自在。

神①莫神于至诚②；

【注解】

①神：奇特功能，常人不能达到的奇异、玄妙效果。

②诚：万缘俱消，心志专一，聚精会神，真诚无妄。

【释义】

人心达到专一、真诚的极点，就会出现不可思议、不可测度的奇功异能。常人称此为"神"，又称神妙、神效、神通、神术等。

例如汉时有一位名叫李广的将军，夜晚行路时，路旁有一白石屹立，像似一只白虎。于是他在紧急的生死关头，心志专一，聚精会神，把白石当做猛虎射了一箭，箭头入石三寸。事后才知是块白石，他又射了一箭，箭头不但未入，而且碰石落地。这就是"李广射虎"的传说。

又有周处因蛟龙在水中作怪，侵害生灵，周处为民除害心切，万事俱忘，精诚专一，持剑跃入水中，降了蛟龙。离水上岸之后，才知在水中斩蛟，当时不知怎么入水，未被江水淹死。再欲入水，心惧而不敢。由此，后来有"周处斩蛟"的传说。

明莫明于体物；

【释义】

能深入事物之中，亲身体察事物之理，方能对事物的法则、规矩、总体、枝节以及前因后果和关系明鉴无遗。神农氏如不亲口尝百草，就不会知晓药之性味能调理阴阳。马丹阳因躬身修性命，方悟十二穴通十二经，可理百骸。

吉莫吉于知足；

【释义】

孔子的学生颜回，"一箪食，一瓢饮，在陋巷，人也不堪其忧，回也不改其乐"。常言道："知足常乐。"老子曰："咎莫大于欲得，祸莫大于不知足。故知足之足，常足矣。"

为何如此之乐呢？因为颜回自感无愧于人，不欺心于己，心安理得，具有高尚的品德和情操。

只有在生活及应对事物上，适可而止，方可大吉大利。

苦莫苦于多愿[①]；

【注解】
①愿：贪图，倾慕，心愿，愿望。

【释义】

因时顺理，坦荡平易，自然而然，应变无停，必可"不招而自来，绰然而善谋"。如果私欲过甚，倾慕心切，贪求无度，愿望无限，朝思暮想，以致心神疲困，身形憔悴，忧苦累累，也难成功。

悲莫悲于精[①]散；

【注解】

①精：纯真，精诚。

【释义】

在图谋功业上，如失去了精诚纯一的精神，则事不济且遭悲伤。在强健保身上，如离散了元阳之气，则百病生而悲痛。

病莫病于无常①；

【注解】

①常：永恒，经常。

【释义】

治国如失去了法度，朝令夕改，臣职无常规，百姓必难遵从，国纲必乱，弊病必出。

处事接物如无常性，喜怒无定，行无常操，情欲不正，饮食不定，饥饱不一，起居失常，必致百脉不调，病患侵临。

短莫短于苟得；

【释义】

凡属不符于理、不合于义而得到的，偷、盗、抢、诈、明瞒、暗骗、贪赃、行贿等，均为苟得。不明而来者，必不明而去；不义而得者，必不义而失。犹如逆旅过客，勉强逗留，不过暂短一时而已。

幽①莫幽于贪鄙②；

【注解】

①幽：黑暗。

②鄙：鄙陋，卑贱。

【释义】

深夜不足以为暗，秉灯烛可照亮，唯独行贿受贿、贪鄙作伪，内心昏暗，即使在光天化日之下，也难照明。

孤①莫孤于自恃；

【注解】

①孤：单，独。

【释义】

自矜自夸，视人不如己者，贤者不能进其言，智者不能助其力。项羽自恃其强，终于孤身无援，独死于乌江。因此，上无兄下无弟，不足为孤。唯有专横独裁、仗能恃强、骄傲自大的人才是孤。在亲林友丛之中，亦可叛之离之，孤掌难鸣，走向失败。

危莫危于任疑；

【释义】

若对一个人的德性和才能，没有充分的了解，尚在疑虑而任用时，将有不可预想的倾危之患。如诸葛亮任疑于马谡，故有街亭失守之后果，此是任疑才能不足的人所致。又有宋高宗任疑于秦桧，秦桧私通北蕃，陷害忠良，故有北蕃累犯中原之患。此为任疑德行不足之人所然。

败莫败于多私。

【释义】

老子曰："是以圣人，后其身而身先，外其身而身存，非以其无私邪？故能成其私。"

　　私心愈重，德性愈薄。德性失，则众心厌恶。众心厌恶则处处失败。如殷纣王沉于酒色，故朝政腐败而国亡。凡事皆然，多私于亲，则处事偏袒而不公，不公则众人怨，众人怨则败亡。

遵义章第五

建功立业，须遵循事物的自然之理，明辨事由的起因，判断事物的结局。

全章共分五节。第一节，是说欲立功立事，首先须明察自身的弊端，追根溯源。有过不知，迷而不返，以言取怨，政令不一，怒而无威，就是蒙蔽真相、惑乱真理、祸患来侵、毁坠背离的像由，对此不可不慎。再如，好众辱人，戮辱所任，慢其所敬，貌合神离，亲谗远志，近色远贤，又是灾殃、危亡、凶败、孤独、死丧、昏暗的缘由。

第二节，是畅述行事用人的弊病。女谒公行，私人以官，凌下取胜，名不胜实，略己责人，自厚薄人者，是事体混乱、浅浮不久，下者侵犯，主体耗散，乱而不治，弃废不救的因由。

第三节，是讲处事应酬，赏罚裁决的利害关系。如以过弃功，群下外异，既用不任，行赏吝啬，多许少与，既迎而拒，薄施厚望，贵而忘贱，念旧恶，弃新功，用人不得正，强迫用人，正是损失、淹没、疏散、阻止、生怨、背离、不报、不久、危殆、不畜、混乱、凶败的前因。

第四节，是说谋事的策略。如失其所强，决策不仁，阴谋外泄，厚敛薄施，战士贫，游士富，贿赂公行，闻善忽略，记过不忘，又是劣弱、险难、失败、凋削、衰落、昏昧、残暴的起因。

第五节，是说明断是非、赏罚公平的道理。对贤者要用，不贤者不可用。以德化人，不可专尚刑法，小怨要赦，赏罚要合理，要知美谗仇谏，将有危亡之患。禁忌贪人之有的残暴。

以明示下者暗；

【释义】

老子曰："自见者不明。"意即：显示自己有知见的人，必有不明之处。

有过不知者蔽^①；

【注解】

①蔽：遮盖，掩蔽。

【释义】

常言道："人不知己过，蛇不知自毒。"老子曰："知人者智，自知者明。"

有了过错不知道，必不改悔。不改悔则继行，愈行愈错，其理愈蔽。正道愈闭愈塞，使其心性昏荒，行事糊涂。

迷而不返者惑；

【释义】

失去了真常之性，恣情纵欲，迷于情妄，不自省悟，必愈迷愈深，以致心境昏冥，损伐性命，行事惑乱，伤害人伦。故张商英注曰："迷于酒者，不知其伐吾性也。迷于色者，不知其伐吾命也。迷于利者，不知其伐吾志也。"

以言取怨者祸；

【释义】

既出言于己，就应按出言而行事。若言行不兑现，人必致怨，人怨必生祸端。

令与心乖^①者废；

【注解】
　　①乖：背离。

【释义】
　　颁布的政令与存心不一致，再与行为背离者，其政令虽严，人民则废弃而不用。故《中庸》曰："文武之政，布在方策，其人在则其政举，其人亡则其政息。"意即：文王、武王心地仁慈，施以仁政，而万民尊服。文王和武王死了，后辈仍讲仁政，万民则不从，盖因发令人的心与政令不一之故。

后令谬前者毁；

【释义】
　　就是存心与政令要一致。后令与前令相谬不一，民必难以遵从，必废而毁。

怒而无威^①者犯；

【注解】
　　①威：庄严、盛容、威仪。

【释义】
　　没有伟大的功绩与贡献，且存心无德、行事不仁，本无使人崇敬的德望和威信，如以强权、势力加于人，不但人不尊服，反而设法来犯。

好众辱人者殃；

【释义】

以端方正直处事用人，是善、是佳。如以此打击、欺辱于人，众人必会厌恶，众恶必招祸殃。故老子曰："……直而不肆，光而不耀。"意即：虽直，不可以刚直而肆意冲撞于人，虽有光（聪明），不可以聪明而显耀于人。

戮辱所任者危；

【释义】

杀戮和欺辱负有重任的功臣和所任用的贤才，必有危亡之患。纣王逼娘娘抱火斗，梅柏抱柱，比干剖心，人心由此背叛，大臣由此离心，终致命丧国亡。

慢其所敬者凶；

【释义】

由尊敬中可以体现出对人的佩服与忠贞。圣君用诚化天下之德，父母有养育栽培之恩，长辈有扶助爱悌之心，贤良有矜孤恤寡之善，豪杰有救急拔困之义，使人尊敬理所当然，应该如此。贤良者为做人之楷模，更应以敬。如骄横粗野，倨傲强行，亵渎所尊，轻慢所敬，是背理之举，失义之为，不合天理，不顺人情，在上者必加罪于身，在前者必厌弃于己，终会凶灾加于自身。

貌合心离者孤；

【释义】

口蜜腹剑，面善心恶，是谓人面兽心。表里不一，言行相违，始交为亲友，逢患难必叛逆。开始以为然，久交必离散，以致孤单一世，独立无援。

亲谗远忠者亡；

【释义】

亲近那些无真诚之心、出言揣意顺情的人，疏远为国为民效力、以直言诤谏的忠臣，必有危亡之患。如齐桓公近易牙、离管仲，故有命丧于不测之祸。

近色远贤者昏①；

【注解】

①昏：迷糊。

【释义】

亲近美色，背离贤良仁人，必然存心邪辟，行事阴暗，神志不清，忠奸不辨，是非不分，昏暗迷糊。

女谒①**公行者乱**；

【注解】

①谒：干求，请托。

【释义】

大凡因姿色得宠幸的女子，若她恃美仗权，借势作威，存心邪辟，出言不正，而君王又遵从她的要求而施行于公事，必弊端百出，祸乱横生。纣王因听从了妲己的要求而诛杀忠臣，害国乱政。又如，韦皇后与太平公主亦然。

私人以官者浮①；

【注解】

①浮：轻躁，浮浅。

【释义】

一没有真才实学，科举不上，二非贤良大器，公议不得。以私人关系推荐提拔而得官者，犹如无根的草木，只能浮现一时，必不得其终而枯败。

凌人取胜者侵；

【释义】

仗权欺人，恃强凌弱，以此取胜于人者，终不可久，必将被人算计。如项羽始恃强欺刘邦，而终被汉将韩信迫其自杀于乌江。

名不胜实者耗①；

【注解】

①耗：亏损、消耗。

【释义】

常言道："名副其实。"任何事物均应实实在在。若在物如羊质虎皮，则为文不符质，心损其威；在人若外君子而内小人，为表不符里，则必耗其德；在官若德薄而位尊，则必耗其身。

略己而责人者不治；

【释义】

若对自己的言行与行事忽略轻视，反而去严格要求别人，众人必不服，不服则乱，乱则不治。

自厚而薄人者弃；

在待遇和享受上，宜给同伴与部下以重厚。倘若自厚而反于人薄，则必使人厌弃。人我同心，古今一理，皆愿享厚，谁欲薄处？

以过弃功者殃；

【释义】

部下如犯过错误，但亦有功，应当轻罚过而重赏功劳。这样，必有益于事业之长远。如因有过错而否认他的功劳，必有害无益。

群下外异者沦①；

【注解】

①沦：淹没，陷入。

【释义】

若整个部下都起了异心，主人的主张和事业就要沦陷，必将陷入窘境，走向败亡。

既用不任者疏；

【释义】

对人的才智德行有了了解，就得任用。在任用时如不委之以重任，被用者因不能发挥自己本身的才智作用，不但与用人者关系会疏远，而且他的精力亦会随之白白耗竭。

行赏吝啬者沮①；

【注解】

①沮：阻止。

【释义】

应赏即赏，在奖赏时应慷慨大方。如面带吝啬之表情，那么受赏者必不乐于接受，受奖者在任时定有消极不愿效力的可能。

《黄石公三略·上略》曾说："……故禄贤不爱财，赏功不逾时，则下力并，敌国削。"意即：用利禄招引贤人时，不必吝惜财货，奖赏有功劳的人时，不可拖延时间。这样，下边的人就能与己同心协力，必可削弱敌国的势力。

多许少与者怨；

【释义】

给人许诺得越多，就越能使人对其许诺充满期望。如给与时比许诺的少，轻诺寡信，人定生怨。

既迎而拒者乖；

【释义】

与对方有约期的聘请，就无形中给对方在精神上留下了作客的准备，既此，如再拒绝不应，就是不义，在无意之中，给对方种下了疑惑，必使对方感到失落，致使关系疏远。

薄施厚望者不报

【释义】

给人施与的薄少，反而谋取人的厚多，这样的人必不能厚报。因此，德厚的仁人君子，施恩不求报，与人不追悔。

贵而忘贱者不久；

老子说："贵以贱为本，高以下为基。"

就因为有了卑贱的劳苦大众，方显出少数人的高贵。如身得荣贵而忘掉了卑贱的大众，犹如欲建高楼而又轻忽根基，根基毁而高楼必然倒垮。

念旧恶而弃新功者凶；

【释义】

对部下的旧怨如牢记不忘，对所立的新功又不赏不彰，这样必致众叛亲离，自拆台脚。

用人不得正者殆；

【释义】

任用部下，应务正业。如动机不良，行事不正，必生危殆。

强用人者不畜；

【释义】

"道不同，不相为谋"。不义从邪，贤人远避。有德务正，志士投归。如人不愿，勉强留用，或以权势强制，人在心离，终不会久留。如曹操强留关羽，而关羽最终还是出五关，去奔刘皇叔。曹操强留徐庶，而徐庶也是"人在曹营心在汉"。

为人择官者乱；

【释义】

大凡择挑官职高低的人，往往不肯效实力，而会务虚名，图享受，争俸禄，争必致乱。

失其所强者弱；

【释义】

浑厚之德，善施以仁，是谓最强者。如失去了德的作用，仁的功能因为没有了德做为其坚实的根基，便懦弱无力。

决策于不仁者险；

【释义】

虽有高超的策略、果断的决策，但用于与国不利、与民无益、残伤生灵、苦害百姓的不仁之举上，仍有险恶之患。如秦孝公用商鞅变法，虽使国势日强，但因法残刑酷，商鞅终遭五马分尸之殃。

阴计①外泄者败；

【注解】

①阴计：此处指机密。

【释义】

《三略·上略》曰：“将谋密，则奸心闭……将谋泄，则军无势，外窥内，则祸不制。”

此句讲的是用兵之道。攻战之事以奇计密谋为要，自己的计划谋略，应当严守机密，若泄漏于外，被对方窥探所知，定有败亡之患。

厚敛薄施者凋；

【释义】

克扣索取得多，布施发放得少，当时自以为聪明，其结果必会失去人心，终将自我削弱。

战士贫、游士富者衰；

【释义】

如给出生入死、劳苦疆场、为国效力的将士待遇不高，相反，对游说之士而尽与富厚，是理不当、意不通。不当不顺，是败之始，衰之征。

货赂公行者昧；

【释义】

大凡以私下赠送财物，行于公事的，必有不明不白、不公不正的欺心昧理之处。

闻善忽略，记过不忘者暴；

【释义】

闻听人做了善事而轻蔑不理，却把人以往的过错牢揪不放，这是心地狭窄，对下的暴虐。

所任不可信，所信不可任者浊；

【释义】

若任用不可信的人，而对才智德行已经了解、确实可信的人却不任用，这样必然任疑致危，混浊不清。

牧[①]人以德者集；

【注解】

①牧：放养，在此处应按治民讲。

【释义】

本书第二章说："德足以怀远。"第四章讲："先莫先于修德。"此处又讲："牧人以德者集。"由此可见，欲治理万民，必须普施宽容好生之德，方能使民自然归服而会集。

例如：母鸡叫几声，一群小鸡就自然地会集在母鸡腹下，是因"牧人以德"之故。

绳①人以刑者散。

【注解】

①绳：标准，纠正，衡量。

【释义】

对人犯的小过错，应以感化诱导、说服教育的方法去纠正。若单靠绳之以法、处之以刑的严刑峻法，这样做不但不能使有过者改过，而且会令人因残酷无情，导致反叛、离散。

手持棍棒叫狗，狗岂能来？盖因绳之以法之故。

小功不赏则大功不立，

【释义】

"赏"是给人精神上的一种鼓励，大则重赏，小则轻赏。使用部下，无论大小的功绩，均应以赏。如嫌功绩小，不予奖励，必致人心淡漠，淡漠则消极，消极则大功不立。

小怨不赦则大怨必生。

【释义】

老子曰："报怨以德。"待部下要宽容大度。对细节小怨，应当赦除，既往不咎。这样，就会使人们在思想上产生一种亲近的慕悦情感。如果见点小怨，揪住不放，就会念怨不休，其怨愈来愈大，愈结愈深。

赏不服人，罚不甘心者叛；

【释义】

不赏，就不能鼓励部下的奋斗之志。不罚，有过者就会不惧而重犯。既此，赏罚应该合情合理。如小功不赏，部下必不服，轻过重罚，受罚者则不甘心。若此，必致人心背叛，祸患滋生。

赏及无功，罚及无罪者酷^①；

【注解】

①酷：残暴，惨烈。

【释义】

奖赏没有一点功劳的人，这样做就是纯粹的感情用事。以个人私见爱好赏罚，为所欲为，独断专行，是横暴专行。如此残害下属，必无好结果。

听谗而美，问谏^①而仇者亡；

【注解】

①谏：谏议，以直言、正言规劝。

【释义】

顺情说话，只图上级心悦，这样的人居心叵测，必有外意。以正言规劝，直言进谏，往往难听，这样的人其心忠贞，一心为公。故常言道："良药苦口利于病，忠言逆耳利于行。"若听见顺耳的"谗言"以为顺耳而美，闻到进谏的"直言"以为逆耳而仇，必遭危殆。

能有其有者安，贪人之有者残。

【释义】

常言道："君子爱财，取之有道。""夫粒米文钱，俱皆有所关系，乃世人之膏脂，农夫之血汗，非用心以难消，岂无功而可受?"因此，凡不合乎义理，偷盗、诈骗、窃抢、哄瞒，以技巧、诡秘而得的，是为贪人之有而有。这只有用恶劣残忍的手段才能得到。

安礼章第六

此章分为两段。

第一段：以排比的方法，对仗的文体，阐发了明辨盛衰、通晓成败、审察治乱、追本溯源、揆度未来的"韬略"。

第二段：总括了全书的中心思想和目的。

怨在不舍小过，

【释义】

此句与上章说的"小怨不赦，则大怨必生"虽然语言有些不同，但其大意，均指对待部下不宜于念怨不休。若小过不赦，以致日积月累，必然愈结愈深，酿成深而不可解的大怨。

患在不预定谋；

【释义】

老子曰："为之于未有，治之于未乱。"大凡眼前遭受的祸患，都在事先没有预料到，没有预见和预防。

福在积善，祸在积恶；

【释义】

种瓜得瓜，种豆得豆。"善不积不足以成名，恶不积不足以灭身。"天理昭彰，毫发不差。福不是凭空而来，祸岂是无因而至？常能解人之难，救人之患，济人之急，行利人利物的善事，必种下福因；若常行妨国害民的恶事，必种下祸根。

饥在贱农，寒在惰织；

【释义】

常言道："出门不弯腰，进门无柴烧。"惰于耕作，不尽力农桑，虽遇丰年，仍会无收，无收岂不挨饿？懒于纺织，即使有丝棉万担，仍会无衣遮体。

安在得人，危在失事；

【释义】

怀德行仁，利天下之利，则得人。得人必众人拥戴，众人拥戴，则自然安泰。丧失了本身的事业，无处依栖，则自然困危。

富在迎来，贫在弃时。

【释义】

人类的荣辱贫富，犹如草木逢四时之往复。时临春夏，为得时，则有生长繁茂之荣富。逢秋冬，是失时，必遇凋零枯落之贫辱。

上无常操①，下多疑心；

【注解】

①操：浮躁，急躁。

【释义】

朝廷的政令法度，规章科条，宜于稳定。君主的态度、表情应镇静威严，不可朝令夕改，轻浮躁动，喜怒无常。这样，在下的臣民才能不生疑心。民无疑心，自然亲近。故老子曰："是以君子终日行，不离辎重，虽有荣观、燕处，超然。"

轻上生罪，侮下无亲；

【释义】

下级对上级傲慢轻视，必得加罪；上级对部下残虐侮辱，是为侮下，侮下必众叛亲离。

近臣不重，远臣轻之；

【释义】

君主若对靠近身边的大臣轻蔑，在远处的臣子自然灰心，不肯效力。

自疑不信人，自信不疑人；

【释义】

忠诚浑厚的人，以己推人，故不疑人；奸诈诡滑的人，以己推人，故不信人。

枉①士无正友，曲上无直下；

【注解】

①枉：在此处应按不正、邪辟讲。

【释义】

常言道："欲知其人，先知其友。"《周易·系辞·上传》中说："方以类聚，物以群分。"放辟邪侈的小人与正人君子"不相为谋"。心地弯曲、处事不公的人与端方正直的贤人，其心不一，言行不同，难以共事。

危国无贤人，乱政无善人；

【释义】

君主昏暗则国危；轻信谗言、阻绝忠谏，则贤人自避；权奸横行，则政乱；恶党逞能，则善良自隐。

《黄石公三略·下略》中说："伤贤者，殃及后世；蔽贤者，身受其害；嫉贤者，其名不全。"

爱人深者，求贤急；乐得贤者，养人厚；

【释义】

《黄石公三略·下略》云："进贤者，福流子孙，故君子急于进贤，而美名彰焉。"真诚浑厚地爱才，是急于求贤的表现。喜爱乐得贤人者，必以宽仁厚德养人。

国将霸①者士皆归，邦将亡者贤先避；

【注解】

①霸：在此处应按强大、兴旺、繁荣昌盛、实力最强讲。

【释义】

此句大意是说，国家将要强盛时，天下有才能的志士就主动来投归。国邦将要败亡时，贤人君子就提前逃走。志士贤人的归避，是国邦兴亡的先兆。

地薄者大物不产，水浅者大鱼不游；树秃者大禽不栖，林疏者大兽不居。

【释义】

参天大树，不可能在贫瘠的沙石滩上生长；未有知其修的北溟鲲鱼，不会在沼泽滩中游泳；非梧桐不栖的凤凰、大鹏，不会在蓬蒿之间翱翔；在深山密林中生活的虎豹，不能在树木稀少的地方藏身。因此，欲成就功业，必须招贤纳士；欲得贤人志士来归，则必须创造良好的政治环境和生活、工作环境。

山峭①者崩，泽满者溢。

【注解】

①峭：陡直，严峻。

【释义】

山过分陡直严峻，则极易崩溃；泽过分盈满，就会向外溢流。

此句大意，是以"山峭"、"泽满"为例，比喻人自高、自满必然自食其恶果。

弃玉取石者盲，

【释义】

抛弃美玉而拣取贱石，是目盲看不清的缘故。此以"弃玉取石"比喻抛弃忠贞直谏的贤人，反而重用花言巧语的小人，是盲目行为。

羊质虎皮者辱。

【释义】

羊的身体，披着虎的外皮，犹如一个无知的小人，穿着君主的衣装。这种表里不一的冒牌货，非但不是荣耀，而且是莫大的耻辱。

衣不举领者倒，走不视地者颠。

【释义】

衣不提起领则襟袖倒置而无绪；行走只望天上，则不知地下之高低，必有失足之险。此句的含义是说：治国统军，必须根据事体的轻重缓急，撮其要、抓其纲、挈其领。只有如此，方可免除本末倒置之弊。再如，只顾应对上层，不知下民百姓的实情，犹如走不视地，必有倾覆之危。

柱弱者屋坏，辅弱者国倾。

【释义】

宫殿屹立，全凭柱石的撑力。国邦兴盛，全赖大臣的效力。因此，柱子蛊朽，屋自倒毁；大臣劣弱，国自倾覆。

足寒伤心，人怨伤国。

【释义】

足在人体的下部，但足下的涌泉穴可通四肢百脉，若一受寒，必伤元阳之气。

民虽处下，却是国基，若怨声载道，必挫国锐。

山将崩者，下先隳①；国将衰者，民先弊。

【注解】

①隳：毁坠。

【释义】

山将要崩裂时，山脚下首先崩塌毁坠；国家将要衰亡时，百姓首先穷困破弊。所以，山下的毁坠是山崩的前兆，人民的破弊，是国衰的先证。

根枯枝朽，人困国残。

【释义】

树木的根腐烂了，枝叶就会枯朽；人民困苦了，国家就会衰败。

由上文"走不视地者颠"至此节的"民困国残"为止，均指欲得治国统军，必须重视大臣的素质，注重百姓的生息。贫困是国衰的征兆，因此必须把经济搞上去。只有民富国强，才能长治久安。

与覆车同轨者倾，与亡国同事者灭。

【释义】

常言道："前车之覆，后车之鉴。"前边的车倾覆了，如再沿着前车的轨道走，仍会翻车。因此，走亡国君主的道路，仍会灭亡。

见已生者慎将生，恶其迹者须避之。

【释义】

已经生出的是祸患，应当慎其将来的再次发生。厌恶现有足迹，必须避免再次践行。此句是说，凡事应溯本求源，民虽处下，却是国基，若怨声载道，必挫国锐。

畏危者安，畏亡者存。

【释义】

《周易·系辞下传》说："危者，安其位者也；亡者，保其存者也；乱者，有其治者也。是故，君子安而不忘危，存而不忘亡，治而不忘乱，是以身安而国家可保也。"怕危险，就对危险有所预防；怕丧亡，就对丧亡有所戒备。凡事有了预防和防备，方可转危为安。

夫人之所行，有道则吉，无道则凶。吉者百福所归，凶者百祸所攻。非其神圣，自然所钟①

【注解】

①钟：聚焦。

【释义】

人类虽有荣辱贵贱之分，吉凶祸福之别，成败盛衰之殊，治乱存亡之异。但追本溯源，皆因得道、失道所致。

立身行事，顺天理，合人情，尚自然，与苍生同忧乐，是为有道。背理徇私，横暴强梁，方辟邪佞者，是不道。大寰宇内，万物皆然。"得道多助，失道寡助。多助之至，天下顺之。寡助之至，天下叛之"，顺之则吉，叛之则凶。

顺者，万姓共戴，自然福禄所至；叛者，生灵共怨，自然灾祸所归。吉凶的来临，祸福的侵扰，并非神圣有意的降使，而是自然之势。

务善策者无恶事，无远虑者有近忧

【释义】

操持四书、六艺，必有仁义的情怀；修悟南华、道德，必有清静自然的心境；久玩文墨，则长于文章；常操牌棋，则可精于博弈。

谋虑不远，必常有眼前的忧患。朱柏庐曰："宜未雨而绸缪，毋临渴而掘井。"

同志相得，

苏秦张仪拥有同一志向，求学于鬼谷子，故相得合纵、连横之策。

同仁相爱，

【释义】

大舜与禹王因同样对生灵有仁慈之心，故能教民耕作，治洪水而归东流。

同恶相党，

【释义】

同为强盗，皆有恶行，同有杀人劫舍的强盗之志，必相互结伙为匪徒。在朝廷常有奸臣贪官臭味相投，互相勾结，狼狈为奸，结党营私，祸国殃民。

同爱相求，

【释义】

同爱于文者，必在文科上相探求；同爱于武者，定在武场上相切磋。

同美相妒，

【释义】

无论男与女，若同爱一个人，必有相互嫉妒之心。美人之间也相互嫉妒。

同智相谋，

【释义】

张商英注："刘备、曹操、翟让、李密是也。"这是智力竞争，智力战。

同贵相害，

【释义】

处于同一个荣贵的位置，唯恐自己失权失势，必互相暗设机关，相为谋害。

同利相忌，

【释义】

同做一行生意，必暗中竞争而企图挤掉对方。

同声相应，同气相感，

【释义】

张商英注："五行、五气、五声散于万物，自然相感应也。"同频电波互相感应。

同类相依，

【释义】

境遇相同的人，必相互依靠，相依为命。

同义相亲，

【释义】

伯夷与叔齐因同讲义气，故能相亲至死。刘关张桃园三结义，亲如兄弟，至死不变。

同难相济，

【释义】

隋末李世民与县令刘文静，因同受暴君杨广迫害，故能相互救助，揭竿而起，灭隋兴唐。

同道相成，

【释义】

具有共同信仰、共同目标的人，能相互帮助，相辅相成。

同艺相规，

【释义】

木匠同艺，故同用一种角尺；瓦工同艺，故共用一种线锥。

同巧相胜。

【释义】

同会一种技巧，必相互争胜。

此乃数之所得，不可与理违。

【释义】

万事万物，无论大小、多少，各因禀赋而成性体，各因禀赋的气质不同，各有所事，各有所从。但皆有数有理，随着各自的理数，只可顺而不可违。

释[1]己而教人者逆，正己而化人者顺。逆者难从，顺者易行。难从则乱，易行则理。

【注解】

①释：宽容、赦免。

【释义】

自己存心邪辟，处事横暴，有过错轻忽，不加自责，或文过饰非，反对别人尚言教，施法令，予以苛责。这样在事理上逆而不通。逆而不通则难教，难教则乱。如果自己持身正大，处事端方，必可理直气壮，事事顺利，不必多尚言教。少施法令，而民可在德馨中自然潜移默化。张商英《老子注》曰："我无为而民自化，我无欲而民自朴。化之顺者也。"

祥体而行，理身、理家、理国可也。

【释义】

本书六章所包罗的条日和法则，总括了修身、齐家、治国之道的方方面面。正如张商英赞曰："则鬼神变化，皆不能逃吾之术，而况于刑名度数之间者欤……"

图书在版编目（CIP）数据

黄帝阴符经·黄石公素书释义/任法融 著. —修订本. —北京：东方出版社，2012

ISBN 978-7-5060-4574-2

Ⅰ.①黄… Ⅱ.①任… Ⅲ.①道家 ②阴符经—注释 ③兵法—中国—古代 ④素书—注释

Ⅳ.①B223.02 ②E892.2

中国版本图书馆 CIP 数据核字（2012）第 057348 号

黄帝阴符经·黄石公素书释义（修订版）

（HUANGDIYINFUJING·HUANGSHIGONGSUSHU SHIYI）

作　　者：任法融

责任编辑：王　萌

出　　版：东方出版社

发　　行：人民东方出版传媒有限公司

地　　址：北京市东城区朝阳门内大街166号

邮政编码：100010

印　　刷：北京文昌阁彩色印刷有限责任公司

版　　次：2012 年 7 月第 1 版

印　　次：2023 年 10 月第 9 次印刷

开　　本：880 毫米×1230 毫米　1/32

印　　张：4

字　　数：46 千字

书　　号：ISBN 978-7-5060-4574-2

定　　价：38.00 元

发行电话：（010）85924663　85924644　85924641